知行合一
以劳育人

徐宏亮 著

上海教育出版社
SHANGHAI EDUCATIONAL
PUBLISHING HOUSE

图书在版编目（CIP）数据

知行合一　以劳育人 / 徐宏亮著. — 上海：上海
教育出版社，2023.8
ISBN 978-7-5720-2145-9

Ⅰ.①知… Ⅱ.①徐… Ⅲ.①劳动教育－教学研究
－中学 Ⅳ.①G633.932

中国国家版本馆CIP数据核字(2023)第165219号

责任编辑　张瑾之
封面设计　周　吉

知行合一　以劳育人
徐宏亮　著

出版发行　上海教育出版社有限公司
官　　网　www.seph.com.cn
地　　址　上海市闵行区号景路159弄C座
邮　　编　201101
印　　刷　上海颛辉印刷厂有限公司
开　　本　700×1000　1/16　印张 13
字　　数　160 千字
版　　次　2023年9月第1版
印　　次　2023年9月第1次印刷
书　　号　ISBN 978-7-5720-2145-9/G·1917
定　　价　78.00 元

深化教学改革

提高教育质量

中国教育学会副会长、上海市教育学会会长尹后庆为龚路中学题词

龚路中学校园劳动教育课程"走进课堂"板块：机器人课程

龚路中学社会劳动教育课程：参观上海电子废弃物资源化协同创新中心

龚路中学校园劳动教育课程"走进活动"板块：科技节

序

　　翰墨芳华写劳育，意洒笔墨抒情怀。徐宏亮同志对于教育有着执着的情怀、实践的勇气。他在教育实践工作之余，著有《知行合一　以劳育人》一书并于近期出版，特写此序，以为道贺！

　　"知行合一"由明代思想家王阳明提出。习近平总书记亦极为重视，反复强调知是基础、是前提，行是重点、是关键，必须以知促行、以行促知，做到知行合一。劳动教育是"知行合一"的重要教育载体。本书以"知行合一　以劳育人"为题，深合历史之传承、时代之需要。书中所涉劳育内容全面丰富，所呈劳育观点入理务实，具有较强的系统性、理论性、实践性和创新性。

　　马克思主义哲学认为，劳动推动社会历史进步，劳动是人作为人之最本质最显著的特征。在新时代背景下，加强劳动教育，是回归人之本质、回归学生自身的主体性教育方式，能够帮助学生在自主实践中发现自我，通过双手改变和创造自己的生活。

　　本书勇担时代使命，着眼于基层初高中教育，立足作者工作多年的龚路中学教育教学实际，总结团队多年劳动教育成果，在亲身、亲历、亲为、亲笔的实践反思中凝练而得思维碰撞之火花，确为难得之财富。

全书以劳育课程建设贯穿笔墨始终，从课程研发背景、价值内涵、国内外发展现况出发，具体到课程设置、实施路径、学科渗透等，融教育理论与经典案例于一体，图文并茂、通俗易懂。在创造性培养学生劳动观念、劳动能力、劳动习惯、劳动品质、劳动精神等方面有着抛砖引玉的现实价值，可供一线教育工作者参考借鉴。

作者系现任浦东教育发展研究院副院长、曾经的完中校长。作为教育管理者，能长期躬身一线教育实践，专注实践研究，乐于反思提炼，攻坚新时代劳育难题，其教育初心和奉献精神令人感佩！

和美的教育风景，写实的践行风采，劳育的馥郁芳香，一并收于此书中，供读者共同品阅教育之甘甜。

中国教育学会副会长、上海市教育学会会长

尹后庆

2023 年 7 月

自　序

在急剧变革的时代，复杂多样的社会价值观并存于我国的社会变革和社会发展中，相互激荡，社会上出现了种种价值冲突和价值矛盾。面对社会生活的急剧变革，人们既心怀梦想、踌躇满志，有时又不免遭遇困惑。很多人有这样的感受：国家越来越强大，人们的生活水平显著提高。如今的信息网络时代带来了信息的极大丰富，人们选择的机会增加了，却也由此引发了一些焦虑和不安。有些人的幸福感并未随着生活水平的提高而同步提升。在当前的社会环境下，思想政治教育工作应跟上时代发展的步伐。在思想观念日趋多元化、物质生活日益富足的今天，指引青少年养成优良的劳动习惯、树立正确的劳动观念、培养高尚的劳动精神，是教育工作者必须直面的课题。根据 2020 年中共中央、国务院发布的《关于全面加强新时代大中小学劳动教育的意见》（以下简称《意见》），劳动教育是中国特色社会主义教育制度的重要内容，直接决定社会主义建设者和接班人的劳动精神面貌、劳动价值取向和劳动技能水平。因此，全党全社会必须对劳动教育高度重视，采取有效措施切实加强劳动教育。

　　《意见》明确指出："劳动教育是国民教育体系的重要组成部分，是学生成长的必要途径，具有树德、增智、强体、育美的综合育人价值。"因此，学校应发挥主导作用，根据各学段的特点，开设劳动教育必修课程，系统地推进劳动教育。同时，《意见》提出："把劳动教育纳入教师培训内容，开展全员培训，强化每位教师的劳动意识、劳动观念，提升实施劳动教育的自觉性。"自觉、有机地在教育教学过程中渗透、加强劳动教育是新时代每位教师义不容辞的职责。

　　本书正是在此背景下，面向广大初、高中教师，根据上海第二工业大学附属龚路中学（简称"龚路中学"）的实际情况编写的劳动教育课程读本，目的是明确教学目标、活动设计、工具使用、考核评价、安全保护等劳动教育要求，从而达到提高广大教师的理论水平和实践能力的效果。

　　为了加强对一线教师的培训，提高一线教师在课程中、活动中实施劳动教育的自觉性，也为了能够更好地分享学校在"发挥劳动教育综合育人功能的实践研究"课题中所取得的经验，推广劳动教育在学校教育、家庭教育、社会教育中的育人功能的实践研究，课题组的团队成员对初、高中学生开展学校劳动教育、家庭劳动教育和社会劳动教育，对于三部分内容进行了深入研究，制定了不同学段加强劳动教育的课程目标和评价标准。在整理近年来的理论研究和实践经验的基础上，完成了本书。归纳起来，本书有三方面的特点：

　　第一，凸显创新性。本书注重理论与实践相结合，根据各学段学生的需求与其心理特点，深入教师的一线课堂，请有经验的老教师和有创新精神的年轻教师分享他们在课堂教学、班级管理、家校共建、社会实践中开展劳动教育的经验与体会，在此基础上总结其共性，从而形成创新模式并上升到理论的高度。

第二，凸显以生为本。本书遵循龚路中学"全人＋创新力"的育人目标，从单纯提高劳动知识技能向涵养劳动品格、崇尚劳动精神、创新劳动思维转变。注重提高教师的教学能力与学生的学习、实践能力。

第三，凸显指导性。本书根据《意见》精神，通过构筑初中、高中相衔接的劳动教育指导课程，帮助教师、家长、社会群体理解和实施劳动教育课程，从而让学生拥有优秀的工作习惯，形成积极的工作态度，提升其劳动素养，体现劳动的综合育人功能，充分发挥家庭教育和社会教育在青少年成长过程中的重要作用，并为区域内有需要的学校提供可资借鉴的经验。

希望本书能给广大学生、家长、教育工作者一些切实的帮助，为新时代中国人才培养工作贡献一份力量。在本书编写过程中，前人的研究给予笔者很多启发，其中主要的引用资料已在参考文献中列出。由于笔者经验与学识的局限，书中难免存在问题和欠缺。若有不当之处，欢迎读者提出批评与建议。

徐宏亮

2021 年 8 月

目　录

第一章

劳动教育课程的探索构建

中共中央、国务院印发《关于全面加强新时代大中小学劳动教育的意见》（以下简称《意见》），标志着我国的劳动教育进入了一个崭新的时代。《意见》强调，劳动教育"是学生成长的必要途径，具有树德、增智、强体、育美的综合育人价值"。因此，学校在实施劳动教育时，要有目的、有计划地组织学生参加日常生活劳动、生产劳动和服务性劳动，让学生拥有动手实践、出力流汗、接受锻炼、磨炼意志的经历和经验。

深入落实《意见》的精神，是学校为国家培养人才的必然要求，要发挥好劳动的综合育人功能。对家庭教育来说，这也是一个重要责任。为此，学校劳动教育的开展必须与家庭教育、社会教育相结合，在青少年成长过程中积极发挥家庭教育和社会教育的重要作用。学校通过构造初、高中相衔接的劳动教育指导课程，获得教师、学生家长、社会群体的理解，从而更好地实施劳动教育课程，培养学生形成良好的劳动习惯，养成积极的劳动态度，进而提高劳动力的素质，并为区域内有需要的学校提供可资借鉴的经验。

第一节
劳动教育课程的研发背景

一、立足学校的特色发展

上海第二工业大学附属龚路中学（简称"龚路中学"）的办学理念是"求真返璞，乐业齐贤"。在学校发展方面，我们坚持传承历史，以求实创新的科学精神为引领，推进学校的特色发展。学校积极顺应时代，回归教育本质，培养全面而有个性的人。在师生发展方面，我们坚持以生为本，让学生乐学向上，见贤思齐，不断完善自己；我们倡导尊师重道，让教师乐教爱教，向优秀教师看齐，做一名"四有"好老师。在"求真返璞，乐业齐贤"办学理念指导下，基于学校发展的基本需要，龚路中学形成了"双成教育"的办学策略。"双成教育"就是将培养人作为起点和基础，尊重师生的自主性和创造性，以师生为主体，满足师生的需要，从而推进学校发展。一方面，学校工作以提高学生素质为核心，保护学生的兴趣爱好，培养学生的特长，张扬学生的个性，促进学生自由而全面地发展；另一方面，学校致力于提高教师的专业能力和师德水平，以师生发展带动学校的特色发展和全面发展。

2019—2020 学年，学校完成了上海市浦东新区中等学校（高中、中等职业学校）三好学生、优秀学生干部和先进班级的评选工作，以及学校优秀少先队员的选拔表彰活动，切实有效地落实了"青马工程"、学生团课和学生党课的培训内容。同时，学校依托"思敬书院"，打造"思敬家长书院"品牌，编制了各年级家庭教育指导读本，彰显先进的教育理念，进一步提升家庭教育的针对性和有效性，成功获得了"2020年浦东新区家庭教育示范校"称号，并向"上海市家庭教育示范校"的目标冲刺。

二、基于教师的实践经验

新冠疫情期间，学校紧跟"空中课堂"的教学步伐，以"学生为本，教师为导"为教学原则，利用云平台的智能反馈，以开放式教学模式优化教师线上教学实践工作，最大限度地提升学生的自主学习能力，保证学生的在线学习效果，实现了"学"和"做"两不误。在寒假延长期间，学校及时制定并发布了《上海第二工业大学附属龚路中学假期学习活动指导意见》，鼓励每个学生参与"十个一"活动，即读一本名家名著、看一部励志电影、做一天"小当家"、做一份科普小报、写一篇体现疫情期间深刻感触的文章、完成一项美德教育活动成果、看一部纪录片、学一堂消防安全教育课、践行"阳光体育一小时"活动、写一篇安全法制活动体会的文章。同时，由学校课程教学部、学生发展部牵头，通过开展线上家长座谈会等形式让家庭教育与学校教育同频共振，形成协同育人合力，使得家长关注学生的居家情绪与状态，从而科学引导学生居家学习与生活。针对每周五早上的晨会课，学校专门开设了一档微视频节目——《跟着季老师学做菜》，由学校课程教学部季坚副主任授课，教学生做家常菜，培养其劳动观念，让其学习生活本领。此节目获得了学生与家长的一致好评。

针对部分教师对线上教学模式不熟悉、不了解、不会操作的实际困惑，学校成立了技术指导小组，帮助教师了解、熟悉线上教学平台。学校还制定了线上教学技术培训计划，组织教师认真学习市级录播课程，观摩专家的优质课。同时，学校组织开展了优质网络课程的录制与评选工作，许多教师的录播课被"学习强国"平台使用并获得好评。

开学复课后，我们充分利用英语口语实验室、数字学习中心、计算机房等专用教室总结经验，不断探索信息技术运用的新模式，切实提高了教师的信息技术运用能力，使信息技术更好地为教育教学第一线服务。

此外，学校统筹部署课题申报工作，稳步有序地推进课题研究。学校紧抓育人热点，申报了区级重点课题"发挥劳动教育综合育人功能的实践研究"。学校依托"钉钉"视频会议，顺利开展了"传统节日文化中的初中学生主题教育研究"课题开题研讨会、"依托学科课程群建设，提升教师'1＋5'专项能力的实践研究""以班主任为主导的家校合作的实践研究"课题推进会，形成了以研促教、以研"成"教的良好局面。

第二节
劳动教育课程的发展现状

一、国外劳动教育的发展现状

芬兰是世界上最早将劳动教育作为必修课程纳入学校教育体系的国家，在教学计划和课程设置方面有着较为成熟的体系。面对新时代的要求，芬兰的劳技课程更强调学生独立自主的意识发展，通过学生参与完整的手工制作的过程，锻炼培养学生的系统性思维能力、创新及设计能力、鉴赏与评价能力等高阶能力，以及与工作相关的合作、交流、表达等方面的能力。在劳技课程的环境创设方面，芬兰学校通过"以学校为中心"的课程实施网络，实现"做中学"的体验式场景①。例如，劳动技术课程会被安排在"软手工艺"教室或"硬手工艺"教室进行。其中，"软手工艺"教室专门提供织布机、缝纫机等设备，以及布匹、毛线等材料；"硬手工艺"教室则配备各种用于切割、三维打印的设备，以及木材、金属类的硬性材料。在校外活动领域，芬兰学校积极与体育场、博物馆、回收中心等公共或私人场所协同开展活动，通过发展项目和教育研究等方式，满足学生在社会实践过程中横贯能力（贯穿于不同学科和领域所需的通用能力）发展的需要。

---

① 黎诗敏，施雨丹. 从历史中走来：芬兰劳动技术课程改革及现实挑战［J］. 外国教育研究，2021，48（7）：43-57.

在德国，劳动教育是大多数中小学开设的必修课。德国中小学劳动教育的课程目标在于促进每个学生智力、身体和精神方面的全面和谐发展。德国中小学劳动教育涉及科技、职业、家政、经济等多方面的内容。传统的文理中学一般不单独开设劳动课程，而是将相关内容融入其他学科，如为高年级的学生开设职业规划课程时，将经济学内容融入"政治—社会经济"课程中①。其职业规划课程旨在帮助学生了解不同职业的工作性质与发展前景，从而让学生能根据自身兴趣与能力水平，做好职业规划。在课程实施模式方面，德国学校的劳动课程以任务为导向，通过师生的有效互动与合作达成课程目标。为了使学生获得真实的劳动经验和职业体验，德国中小学还会与企业、手工作坊、商店、酒店餐厅等场所开展合作，建立符合学生特点的劳动教育实践基地。德国劳动教育的内容既能帮助中小学生为个人生活和家庭生活做准备，又为其职业选择奠定了基础，还加深了其对社会和经济发展的了解，全面塑造学生的劳动能力、劳动意识和劳动态度。

美国也是一个非常重视劳动教育的国家，在中小学广泛开设生产劳动课程。通过生产劳动课程，让每个学生都能根据自身兴趣、资质与特长，学习到一种或多种职业技能，从而在中学毕业或中途退学时可以自由选择职业，或是继续升学。此外，美国中小学开设社会研究（Social Studies）课程并将劳动教育渗透其中。社会研究是美国从幼儿园到中小学都普遍开设的全国性核心课程之一，是一门集历史、地理、社会学、经济学、人类学知识于一体的综合性学科②，类似于我国学校的政治、历史等课程的综合。社会研究课程的编排、实施特点为采用环境拓展

---

① 任平，贺阳. 从"劳作学校"到"普职融合"：德国劳动教育课程建设的价值嬗变、特征与启示 [J]. 全球教育展望，2020，49（10）：114-128.

② 鲁春秀. 劳动教育的美国模式 [J]. 上海教育，2020（8）：21-23.

法（Expanding Environments），课程设计为从离儿童较近的环境开始，然后依次向外、向远处拓展。这样的安排有助于儿童在课程学习过程中逐步提高自身的劳动能力，不断加深对社会周遭环境的认识，从而更好地适应未来的生活。

在"融入式"课程方面，日本劳动教育的课程实施也颇具特色，即以融入的方式体现在其他课程和活动中，除了家务劳动、学校课程中的劳动教育外，社会的积极参与也是课程的重要组成部分①。其中，由地区、学校组织的社会体验活动，在很大程度上吸引了家长、企业、社会团体、教育机构的参与，形成家庭、学校与社会融合推进的课程实施特点。此外，作为一门必修课，日本的劳动教育要求教师以身作则，参与其中。比如，在摘水果劳动中，教师会爬到树上，然后使劲摇动树枝，让果子掉下，而学生则在树下捡拾挑选成熟的果子放入小筐②。为了提高劳动效果，教师会提前让学生了解劳动目的及劳动方法，鼓励学生在劳动过程中发挥自主性。比如，学生到田间插秧时，田地主人通常会先为学生讲解插秧要领及注意事项。

英国学校劳动教育课程的实施主要以个性化劳动、创造力培养项目和社区志愿活动等劳动项目为载体进行推进。课程结构上，注重从日常生活性劳动、生产劳动和服务性劳动三个方面来发展学生的劳动技能。以烹饪课程为例，对于5—10岁的学生，课程注重引导学生珍惜劳动成果，尊重劳动；对于11—13岁的学生，课程注重对学生的调味技艺以及如何创作健康食谱的指导，引导学生树立创新性劳动理念。同时，课程

---

① 庄坚俍，高磊. 劳动教育的国外模式与课程实施［J］. 思想政治课教学，2021（2）：77-81.
② 杨再峰，潘燕婷. 日本国立教育政策研究所运行机制及启示［J］. 安庆师范大学学报（社会科学版），2021，40（6）：113-118.

要求学生做一个能够为他人提供多样化饮食的烹饪小能手，培养学生的劳动责任感①。此外，中小学营会也是英国开展劳动教育的重要方式，学生在营会上制作手工艺品、烘焙糕点等。营会期间所涉及的体力类劳动的活动内容，可以让学生的技能得到锻炼，让学生尊重劳动、尝试创造性的劳动②。

二、国内劳动教育的发展现状

从课程设计来看，融合劳动教育与综合实践活动是备受欢迎的一种课程模式。有的学校通过综合实践活动课程中的职业体验、设计制作、研学旅行和社会服务等内容的实施来贯彻劳动价值观。例如，成都一所中学的生物组教师组建了"大熊猫行为"研究小组，带领学生在暑假中进行实地考察，开展熊猫主题研学活动。在这样的探究过程中，学生积极担任熊猫基地志愿者，与熊猫进行了亲密的接触，对熊猫的生活和保护工作有了更深入的了解，而在专业人员的指导下，学生也能在体验动物饲养员角色的同时，增进自己的生活体验③。昆明的一所学校利用研学实践基地进行了"半山耕云"劳动教育主题课程，让学生体验种植、打土坯、炊事、饲养等劳动实践④。针对不同的学段特征，课程在初中阶段注重培养学生在社会生活中自行解决问题的能力，在高中阶段则深入渗透探究性学习，并融合社会服务、职业体验等环节。此外，通过结合

---

① 乐书思，陈波涌. 英国如何实施劳动教育——以英国国家课程为例 [J]. 职教通讯，2021（7）：39-45.
② 石佩. 英国劳动教育为未来工作生活做准备 [J]. 上海教育，2020（8）：13-16.
③ 夏小刚. 融合劳动教育的初中综合实践活动课程设计与实践 [J]. 中国信息技术教育，2019（19）：67-69.
④ 尹旭，王明忠. 研学旅行与劳动教育融合的课程设计与实施——以"半山耕云"研学基地劳动教育主题课程为例 [J]. 中小学信息技术教育，2021（6）：90-92.

学科特点，劳动教育也可以得到有效渗透。比如，人文学科可以从劳动观和中华民族传统美德等方面进行拓展，自然学科可侧重培养学生的劳动态度、劳动意识、劳动观念和劳动精神。在项目化设计方面，劳动任务的具体化极为关键。比如，可以安排学生完成一件木工制品、一道菜肴，或是一项家庭劳动。对于系列项目活动，项目式教学可以从项目的确立、修订、准备、实施、评价五个方面来设计教学，调动学生参与各种项目的兴趣，鼓励学生在实践活动中运用相关知识解决具体问题，从而发展其发现问题、分析问题、解决问题的能力。

在课程内容方面，一些中学将劳动教育与传统的木匠工艺相结合，通过让学生体验画线、钻孔、锯割、连接和打磨等木工技法，培养学生精益求精、脚踏实地和吃苦耐劳的劳动精神，使学生养成自觉劳动、安全劳动、诚实劳动的劳动习惯[①]。部分学校对劳技课程进行序列化的推进，以手工创意为例，课程以"布艺—木艺—陶艺—雕艺"为序，逐步推进，让学生得以由对工艺的感知走向对工艺的传承和创新。一旦劳动课程的内容体现了有机的衔接，学生便会更加主动地参与下一阶段的学习。借助地处田园所拥有的资源优势，一些中学充分发挥"习农耕读"的育人价值功能，开发劳动教育校本课程。比如，以节气、种植、中药、工具、应用为主题构建课程内容框架，让学生在真实的植物种植体验中感受劳动的快乐。此外，还有学校将传统文化中的二十四节气与劳动教育相结合，开展有关农事、家务、生产的劳动课程。例如，将农事劳动课程分为春耕项目、夏耘项目、秋收项目以及冬藏项目[②]。学校划分责任

---

① 闵宝翠，张红."木艺匠心"劳动教育主题课程的设计与实施［J］.辽宁教育，2021（21）：45-48.

② 胡蕾，严婷婷，殷丹.依托课程体系 开展劳动教育项目化学习——以"跟着节气劳动"校本课程的开发与实施为例［J］.成才，2021（20）：18-20.

田，让学生选择自己喜欢且适合种植的植物进行实践，由学生负责种植，并持续记录施肥、浇水情况。农作的学习，可以让学生在亲身体验中掌握植物种植技能，深入了解植物的习性与生长过程，体会农耕文明的深厚文化内蕴，感受劳动创造美好生活的欣喜。

从实施策略来看，以学校为劳动教育的主阵地，发挥家庭教育的基础作用及社会的支持作用是新时代劳动教育的重要路径。在学校课程方面，具有学校特色的劳动实践拥有基本的课时保障与统整化的课程形态。在家庭教育方面，通过召开家长会，举办家长论坛、报告会、专题培训会，进行经验分享等方式，可以提升学校进行劳动教育指导的能力。在社会层面，亲近自然、职业体验、爱心义卖等实践活动不断推动学校的劳动教育创新。乡村是开展劳动教育的天然场域，在全面推进乡村振兴的大背景下，研学实践成为很多中小学实现乡村教育振兴的突破点。烟台某中学基于"三园"（家园、田园和校园）整体架构了中学劳动教育课程。由于学校地处农村，老教师对常见农作物的种植和烹饪技术十分熟悉，因而发挥了有特长教师的优势，开发出"种植技术"和"烹饪技术"两门课程并深度研发了劳动课程任务群。在家园教育方面，学校为学生列出家园劳动清单，让学生在掌握家常菜肴加工制作方法的同时，了解当地的特色美食。校园之外的田园劳动也具有很大的借鉴意义。比如，学校让学生到田园中亲身体验农作物的科学种植与管理，感受劳动的艰辛，使得学生在提升劳动技能的同时树立正确的劳动价值观。校企联手，共同打造劳动教育实验基地也成为很多中小学接续探索的模式，劳动教育与社会服务的融合发展不断推动着新时代劳动教育的纵深发展。

三、劳动教育课程的研究述评

我国大中小学的劳动教育，其根本使命在于"育人"，要通过劳动教育"培养担当民族复兴大任的时代新人"。这就要求学生能够树立正确的劳动观，牢固树立劳动最光荣、最崇高、最伟大、最美丽的观念，向往劳动正在或即将创造的美好生活，把劳动作为"立德、增智、强体、育美"的重要途径。围绕"立德树人"根本任务，新时代的劳动教育要求我们进一步转变教学观念，积极应对时代变革带来的新挑战。纵观我国劳动教育的发展历程，其价值、内涵和教育实践正在持续地丰富和完善。就目前情况来看，中小学劳动教育课程的开发与实施过程还面临着诸多困难。一方面，大部分中小学缺乏专职的劳动教育教师，相关的专业培训较为缺失，劳动教育的目标设计与评价实施仍未落地，课程资源的开发与投入也不足；另一方面，部分家长仍未意识到劳动教育的重要性。

　　从劳动教育的国外模式来看，构建连贯的劳动教育课程体系，循序渐进地促进学生"态度""知识""技能"的发展是其最为显著的特征。国外劳动教育的经验同样说明了良好劳动教育效果的达成不能仅依赖学校劳动教育课程，还要由家庭教育、社会实践活动协同共育。将家庭、社会作为生动的劳动实践场域，不仅能够减轻学校的负担，还能有效利用家庭、社会的教育资源为劳动教育提供支持。

　　作为全面发展教育的重要组成部分，当下的劳动教育需要进一步探索学科融通范式，推动劳动教育课程在学科领域的整合，促进劳动教育课程内部不同领域的整合，真正让劳动渗透学生的学习与生活，真正做到以劳树德、以劳增智、以劳强体、以劳育美。

第三节
劳动教育课程的价值内涵

一、加强学科融合，促进"五育"发展

德智体美劳"五育"是新时代全面发展教育的组成部分，既有各自的独立性，又彼此关联。其中，劳动教育指向学生的劳动态度、劳动观念、劳动技能和价值观等领域。新时代劳动教育不仅仅是促进学生全面发展的途径，还是国民教育体系的重要组成部分。坚持劳动教育是坚持中国特色社会主义教育发展道路的应有之举。《关于全面加强新时代大中小学劳动教育的意见》强调，通过劳动教育，要使学生能够"理解和形成马克思主义劳动观"，"适应科技发展和产业变革，针对劳动新形态，注重新兴技术支撑和社会服务新变化"，这些都离不开关于劳动教育的实施。

在实施劳动教育的过程中，不应把它看成是在德智体美"四育"上做加法，而应当以"乘法"思维定位劳动教育，以促进"五育"融合发展。为此，劳动课程在设计过程中应明确学科定位，在认识上将以劳动教育为主体的课程与"四育"融会贯通。在学校实践部分，我们设计了跨学科融合的劳动教育课程，通过项目推进实现"五育"融合。比如，学校"跟着季老师学做菜"家庭劳动教育课程以本帮菜的烹饪为核心内容，旨在加深学生对本地饮食文化的了解和体悟，其教学内容既注重烹饪技艺的学习，又深入探讨饮食文化和营养搭配，以引导学生在体验

"生活世界"的同时，产生对"人文世界""科学世界"的思考，从而在劳动教育中培养学生的自主性、探究性和创造性。

这门课程以互联网为依托，由学校课程教学部副主任季坚老师录制完成包括食材准备、烹饪过程、成品展示等步骤的教学视频，由班主任按课程计划组织实施，学生利用周末时间进行实践操作，记录过程与成果。课程形式主要有知识普及、亲子协作、独立实践、成果交流、社会调研等，以期达到"五育并举"、融合育人的教育发展目标。在课程推进过程中，学生以项目化学习的方式，在真实的任务情境中完成实践有"方"、食之有"味"、仿中有"创"、搭配有"道"、研之有"法"的劳动任务。学生在仿中学、做中学、学中创、学中精的实践过程中，掌握了基本的烹饪技能，提高了自身的独立生活能力，形成了正确的劳动价值观，提升了自身的劳动素养，课程达到了预期的教学效果。

二、发展核心素养，创造美好生活

学生发展核心素养是落实立德树人根本任务的要求，也是我国教育变革的抓手和培养德才兼备、全面发展的人才的路径选择。而劳动教育是培养更高水平人才的关键工程，具有长期性、多维性和融通性的特质。劳动教育是人一辈子的教育。它的培养目标多维，主要有劳动观念、劳动态度、劳动习惯和品质、劳动情感、劳动知识、劳动技能（技术素养）、劳动思维（包括创新意识和创造力）等七方面。劳动教育的融通性可概括为"以劳树德，以劳增智，以劳强体，以劳育美，以劳创新"。2020年，教育部印发《大中小学劳动教育指导纲要（试行）》，明确强调以培养社会主义建设者和接班人为根本目标，聚焦学生劳动素养的养成。由此可见，劳动素养是劳动教育课程的主要价值诉求，可分解为"劳动观念""劳动能力""劳动精神""劳动习惯和品质"等具体目标。劳动教育的目标与我国学生发展核心素养中的三个方面、六大核心素养和十八个基本要点的内容紧密相关。学生核心素养的提升离不开学生劳动素养的提高。因此，实现劳动教育对学生劳动素养的培养，才能进一步将培育学生核心素养落到实处。

"生活靠劳动创造，人生也靠劳动创造。""人世间的一切成就、一切幸福都源于劳动和创造。"劳动是人类和人类社会生存和发展的基础。劳动教育在人们追求美好生活的过程中具有重要的地位。这不仅是人类社会延续发展的需要，也是每一个劳动者迎接现实挑战、追求丰富人生的必然选择。如果把人生比作大海里远行的航船，劳动教育就如导航系统，为人生航船提供精神指引和方向引领。新时代的劳动者首先要树立"劳动创造美好生活"的价值观念，具备必要的劳动技能，深刻理解劳动对人与社会发展的重要价值，在劳动实践中形成勤俭节约、敬业奉献、开拓创新、砥砺奋进的劳动精神，养成诚实守信、认真负责、吃苦耐劳、自觉自愿、珍惜尊重劳动成果的劳动习惯和品质。如果年轻人具备勇于奉献的情怀、正确的劳动观念、积极的劳动态度、过硬的劳动知识和技能、合作创造的能力，以及对劳动成果的尊重、对劳动人民的敬爱，树立热爱劳动的价值追求，那么他们就能够掌好人生航向，不会偏航。在面向现实的劳动教育实践中，我们要通过培育学生的核心素养、劳动素养，为学生创造美好生活蓄力赋能。

三、增进劳动体验，树立正确职业观念

时至今日，有些学生仍对与体力劳动相关的职业存有成见，觉得从事这些职业又累又脏。造成这种现象的部分原因是学生在日常学习生活中基本上接触不到这些劳动群体，没有树立正确的职业观念，缺乏对劳动技能的价值及情感认知。因此，劳动教育要补齐这个短板。在基础教

育阶段，有必要通过劳动教育让学生掌握通识性知识技能，帮助学生准确理解劳动的价值内涵，养成崇尚劳动、尊重劳动的观念。职业体验正是进行劳动教育的重要载体，它是集知识学习与实践体验、职业感知与劳动意识、职业认知与生涯规划、职业实践与劳动精神于一体的全新教育形式。

学校的劳动教育课程注重实践性、创新性、协同性，让学生能够进一步认识职业岗位职责，认知劳动特质，感知职业要义，拓宽职业和劳动的视野。而校外是学生获得劳动体验的重要场所，学校整合社会资源，系统化设计学生校外劳动实践的内容，以期丰富学生的劳动体验。学校在高中阶段的课程中融入校外劳动教育，开展学农、职业体验、公益劳动、"文明星期六"等系列活动，让学生走向社会，关心社会发展。学校捕捉学生感兴趣的职业问题或生活问题，通过有计划、有组织、有选择的社会实践活动，将理论融入实践，将知识融入生活，在劳动实践的过程中，让学生学习、传承劳动精神，培养学生对劳动的敬畏意识，对劳动人民的尊重意识，使热爱劳动蔚然成风。同时，这样能提高学生的实践能力、创造和创新能力，让学生主动适应社会发展，在合作探究的过程中提升自身的综合能力。此外，学校根据不同的社会实践场所和岗位，开发各种社会实践课程。学生参加社会实践基地的公益劳动，能够学习与人沟通交流，深入了解职业岗位的需要。比如，学校在高一、高二年级开展职业体验活动，助力学生思考生涯规划；在高二年级开展学农劳动，对社会主义新农村建设进行实地调查，这样既提高了学生的农业劳动技能，又使学生更深切地体会到"劳动最光荣、劳动最崇高、劳动最伟大、劳动最美丽"，焕发劳动热情。

第四节

劳动教育课程的目标与内容

一、劳动教育课程的预期目标

"劳动最光荣"是无数中国人的共识。然而，在生活中，劳动有时被忽视，甚至被轻视。比如，有些事情应该由学生自己做，有的孩子却让父母做；有的学生花钱雇同学在学校代替自己做值日生；有的孩子向往无所事事，不以游手好闲为耻。青少年若有这些想法和行为，对自身的成长有很大的危害，对社会发展也有不利的影响。学校以劳动素养为指向，结合加强劳动教育的具体实际，开设特色劳动教育课程，积极争取家庭、社会的支持与共同参与。学校引导家长树立正确劳动观念，注重家庭劳动教育实效，切实在学生家庭中树立崇尚劳动的良好家风。为此，学校分别制定了初中学段和高中学段的劳动教育课程目标。

（一）初中学段课程目标

1. 了解初中阶段学生的心理特点和精神需求，从学生精神的自我满足和自我实现角度，设计分年级、分主题的劳动教育课程，有效开展"家校社"三位一体的劳动教育，让学生形成良好的劳动意识，养成优秀的劳动习惯。

2. 通过家校联动，帮助家长了解学校劳动教育的内容，接受在家庭中开展劳动教育，认同在家庭中开展劳动教育的重要性。鼓励家长承担对孩子开展劳动教育的责任，营造喜欢劳动、倡导劳动的家庭氛围。

3. 提高家长对劳动教育的认识，使家长注重言传身教，为孩子树立榜样。家长应树立崇尚劳动、尊重劳动、热爱劳动的形象，协助孩子形成对劳动的正确认识。

4. 鼓励家长在提高孩子对劳动的认识、劳动技巧等方面采取积极行动，组织以崇尚劳动为主要内容的家庭教育活动，提高家庭劳动教育的效果。

5. 帮助家长了解初中阶段孩子的心理特点和精神需求，从孩子精神的自我满足和自我实现角度，开展家庭劳动教育。

6. 整合学校周边社会劳动教育优质资源。鼓励学生走出校园，融入社会，学习优秀劳动者的劳动精神，涵养品格，并从社会劳动教育中汲取营养，实现知行合一。

（二）高中学段课程目标

1. 将劳动教育与生涯教育相融合，指导学生了解职业规划对自身发展的影响。学生做完职业规划后，要对自己想要从事的职业进行深入了解。帮助学生进行适合其特质的生涯发展规划，逐步确定未来的发展方向，真正理解劳动的意义和价值。

2. 提倡家长在家校共同提升孩子劳动意识、劳动技能等方面采取积极行动，组织以培养热爱劳动、热爱家庭为主要内容的家庭教育活动，让孩子了解家庭消费，培养理财能力，承担相应的家庭责任，以此提升家庭劳动教育的有效性。

3. 家长与孩子一起了解不同职业的特质及全国劳模的先进事迹等，帮助孩子认识劳动的内在价值和意义。

4. 指导孩子了解职业对未来发展的影响，要深耕其选择的特定职业领域。家长与孩子一起制订符合其自身特点的职业发展计划，逐步帮助孩子确定以后的发展方向。

5. 家长要与时俱进，抓住劳动教育的根本，引导孩子尊重劳动、热爱劳动。同时，着重树立热爱劳动的良好家风，营造浓郁的劳动氛围，为劳动教育创造良好的家庭气氛。

6. 加强学校劳动教育社会特色资源的研究，因地制宜地优化社会劳动教育资源配置，拓展和丰富劳动教育环境，让浸润式的劳动教育环境与劳动教育课程相结合，提高学生的劳动认知，发展其劳动技能，努力做到劳动育人、全员育人、全程育人，以实现劳动教育的价值追求。

二、劳动教育课程的内容架构

劳动教育要进行系统性设计，保证劳动主题和内容的层次性、目标性，兼顾创新性，建构基于劳动素养的劳动教育课程体系，以保障劳动教育的有效实施，切实提升学生的劳动素养。各年级的劳动教育课程分为家庭劳动教育、校园劳动教育和社会劳动教育。其中，高中学段校内劳动教育又与通用技术学科相关联，与其他学科相融合，并与综合活动、公益劳动实践相结合。

（一）初中学段课程内容

1. 家庭劳动教育

学校从初中学生的年龄特点和个性差异出发，设计有关家庭劳动教育的课程内容，让学生在参与劳动的过程中，感悟中国传统美德，体会自己对家庭的责任。

这样，通过家庭劳动教育的开展，充分发挥"父母育心，思敬育人"价值，家长指导、协助学生完成其力所能及的家务劳动，形成家校育人合力。初中学段家庭劳动教育课程分为"以劳自立""以劳立德""以劳育美"三个板块，各年级课程目标体现层次性、连贯性，内容各有侧重。

（1）六年级家庭劳动教育课程

●"以劳自立"课程板块

课程目标：养成自己做事的好习惯及安全意识，培养独立生活的能力。

课程内容：

摆放餐具，分发食物。

安全使用家用电器，清理过期用品。

做好家庭垃圾分类，养成垃圾分类习惯。

叠衣服，整理床铺。

●"以劳立德"课程板块

课程目标：体会劳动的辛劳与价值。

课程内容：跟着父母去上班，了解父母的日常工作。

●"以劳育美"课程板块

课程目标：感受"劳动创造美"。

课程内容：整理、美化自己的书桌。

（2）七年级家庭劳动教育课程

●"以劳自立"课程板块

课程目标：尝试承担一部分家庭生活劳动，掌握简单的生活技能，培养家庭责任意识。

课程内容：

跟着季老师学做菜。

学会自己换洗床单和被套。

自己的房间自己扫。

会用针线钉缝扣子。

会修理简单的家庭用品。

● "以劳立德"课程板块

课程目标：了解个人生活开支，养成良好的消费习惯，培养勤俭节约的传统美德。

课程内容：制作个人支出小账本，计算每周开支。

● "以劳育美"课程板块

课程目标：感受劳动美化生活，培养创新意识，懂得劳动创造价值。

课程内容：做一次"家庭废品调查"，对家中的废弃物品进行手工改造，用来美化家庭环境。

（3）八年级家庭劳动教育课程

● "以劳自立"课程板块

课程目标：为家庭生活出谋划策，掌握必备的生活技能，明确家庭责任。

课程内容：

学会泡茶，制作蛋糕、水果拼盘。

与家人一起进行卫生大扫除。

学会根据衣物的材质和颜色等进行分类、清洗。

拟订家庭出游计划，制订出行攻略。

● "以劳立德"课程板块

课程目标：了解家庭收支情况，培养生活规划能力和勤俭节约的传统美德，强化家庭责任感。

课程内容：学做一天家庭"小管家"。

● "以劳育美"课程板块

课程目标：感受劳动美化生活，培养创新意识，懂得劳动创造价值。

课程内容：从空间分配、色彩搭配等方面入手，设计"改造"房间。

2. 校园劳动教育

校园生活涉及教育、教学、管理各方面，校园劳动教育课程从课堂、活动和自主管理三个方面设计内容，使其渗透到各门学科的实践中，让学生明确自己的社会责任和历史使命，培养学生的创新意识和创造性的劳动能力。学校通过组织活动和自主管理规范学生行为，提高学生的劳动技能和自理能力，从而使学生形成珍惜劳动成果、尊重劳动、热爱劳动的思想品德。初中学段校园劳动教育课程分为"走进课堂""走进活动""走进管理"三个板块，各年级课程目标体现层次性、连贯性、融通性，内容各有侧重。

（1）六年级校园劳动教育课程

● "走进课堂"课程板块

课程目标：

掌握相关课程知识与技能。

能够用艺术的眼光欣赏生活，能够用艺术的技能表现生活。

能够完成至少一件机器人创意作品，培养创造力。

端正学习态度，锤炼意志，树立正确的劳动价值观，培养良好的劳动品质。

课程内容：

学业考试类课程。学会为自己的作业负责，认真完成作业，字迹端正，不遗漏题目。

艺术课程。学习绘画技巧。

机器人课程。学习前沿科技，创造美好生活。

● "走进活动"课程板块

课程目标：在参与活动、展示自我的过程中培养自信心，体验劳动创造美、劳动创造价值，培养团队合作能力。

课程内容：

科技节

心理节（生涯教育）

英语节

艺术节

●"走进管理"课程板块

课程目标：

能够考虑安全因素，自觉自愿、认真负责地劳动，拥有坚持不懈、诚实守信、吃苦耐劳的品质。

增强班级责任感和荣誉感。

课程内容：结合学校每日的常规检查，做好教室内卫生工作。一人一岗，责任到人。

（2）七年级校园劳动教育课程

●"走进课堂"课程板块

课程目标：

掌握相关课程知识与技能。

能够用劳动技术课所学的知识和本领装点生活。

能够完成至少一件航模创意作品，培养创造力。

进一步端正学习态度，锤炼意志，树立正确的劳动价值观，培养良好的劳动品质。

课程内容：

学业考试类课程。坚持为自己的作业负责，提高课堂听课效率，认真做好笔记，不开小差。

劳动技术课。学习串珠、剪纸等各种手工制作。

航模课程。学习前沿科技，创造美好生活。

●"走进活动"课程板块

课程目标：在参与活动、展示自我的过程中培养自信心，体验劳动创造美、劳动创造价值，培养团队合作能力。

课程内容：

科技节

心理节（生涯教育）

英语节

艺术节

●"走进管理"课程板块

课程目标：

能够自觉自愿、安全规范、认真负责、坚持不懈地参与劳动，培养诚实守信、艰苦奋斗的品质。

培养自主管理能力，增强班级责任感和荣誉感。

课程内容：

结合学校每日常规检查，做好教室内和包干区卫生，一人一岗，责任到人，自主管理，尽职尽责。

学校餐厅体验式劳动。

（3）八年级校园劳动教育课程

●"走进课堂"课程板块

课程目标：

学会劳动时间管理，掌握相关课程知识与技能。

能够利用信息技术课程所学的知识设计简单作品，了解前沿科技信息。

学会基本的种植技术，能够通过观察植物的生长过程完成一份观察报告，体验劳动创造生活。

进一步端正学习态度，锤炼意志，树立正确的劳动价值观，养成良好的劳动品质。

课程内容：

学业考试类课程。坚持为自己的作业负责，坚持认真听课，学会合理规划自己的时间。

信息技术与科学。学习常用的信息技术软件及其基本的使用。

太空种子种植课程。学习前沿科技，创造美好生活。

●"走进活动"课程板块

课程目标：在参与活动、展示自我的过程中培养自信心，体验劳动创造美、劳动创造价值，培养团队合作能力。

课程内容：

科技节

心理节（生涯教育）

英语节

艺术节

●"走进管理"课程板块

课程目标：

能够自觉自愿、安全规范、认真负责、坚持不懈地参与劳动，培养诚实守信、艰苦奋斗的品质。

培养自主管理能力，增强班级责任感和荣誉感。

课程内容：

结合学校每日常规检查，坚持做好教室内和包干区卫生，一人一岗，责任到人，自主管理，尽职尽责。

学校"迷你百草园"劳动教育基地的定期养护。

3. 社会劳动教育

学校充分利用上海第二工业大学（简称"二工大"）的资源优势，同时依靠社区力量，利用社区资源，设计劳动教育课程，组织劳动教育课程的实施，让学生参与实践、出力流汗，接受锻炼、磨炼意志，使学生树立正确的劳动价值观，培养良好的劳动素质，以期学生继承中华民族艰苦奋斗、勇于奉献的传统美德，弘扬开拓创新、踔厉奋发的时代精神。初中学段社会劳动教育课程分为"我与大学有个约会""我是社区一分子"两个板块，各年级课程目标体现层次性、融通性，内容各有侧重。

（1）六年级社会劳动教育课程

●"我与大学有个约会"课程板块

课程目标：感知科技改变未来，劳动创造价值。

课程内容：参观二工大机器人实践基地。

●"我是社区一分子"课程板块

课程目标：熟练掌握垃圾分类知识，懂得宣传的一般技巧，培养积极投身公益事业的决心。

课程内容：为社区垃圾分类积极宣传。

（2）七年级社会劳动教育课程

●"我与大学有个约会"课程板块

课程目标：

了解基地的研究、工作日常。

初步了解科技对现实生活的影响。

课程内容：参观二工大机器人实践基地。

●"我是社区一分子"课程板块

课程目标：在出力、流汗中锻炼意志，培养正确的劳动价值观和乐于奉献的传统美德。

课程内容：为社区站一天岗，服务社区居民。

（3）八年级社会劳动教育课程

●"我与大学有个约会"课程板块

课程目标：致敬劳模，培养吃苦耐劳精神，从小树立用劳动、用科技、用创造为祖国的未来做贡献的理想。

课程内容：参观二工大劳模育人"包起帆创新之路展示馆"。

●"我是社区一分子"课程板块

课程目标：尊敬老人，热爱公益，培养社会责任感。

课程内容：寻找居民小区内的生活设施盲点，为老年人的便利生活设计改造方案。

（二）高中学段课程内容

学校根据教育目标，针对高中学段学生的特点，以生产劳动、服务性劳动和日常生活劳动为主要内容开展劳动教育。生产劳动教育让学生在工农业生产过程中经历物质财富的创造过程，体验从简单劳动向复杂劳动、创造性劳动的发展过程，学会使用工具，掌握相关生产劳动技能，认识劳动与自然界的基本关系，理解劳动创造价值，体会平凡劳动中的伟大。服务性劳动教育让学生利用知识、技能等为他人和社会提供服务，在现代服务业劳动、公益劳动与志愿服务中认识社会，树立服务意识，体悟劳动中人与人、人与自然、人与社会的关系，强化社会责任感。日常生活劳动教育立足学生个人生活事务处理，注重培养学生的生活能力和良好卫生习惯，树立自理、自立、自强意识。学校从不同的任务出发，分别制定与之相适应的教学策略和实践策略。

1. 学校实践

（1）通用技术课程

● 木工加工技术项目属于生产劳动。

任务是加工钥匙收纳盒，采取以下策略：

播放《找钥匙》小视频，引发学生思考，让学生感受技术的目的性，激发学生对于劳动技术学习的兴趣，培养其劳动意识。

组织学生分组讨论设计构思，学会从环境、经济、社会、质量、美学角度考虑劳动技术设计方向。能在较为简单的劳动技术设计实践中规范地设计图纸，对方案进行基本的设计表达，并形成良好的劳动技术设计习惯。

引导学生根据实际需求选择生产劳动中合适的材料和木工加工所需的工具，体验钥匙收纳盒的加工工艺和加工流程，感受运用劳动技术的不易，掌握常用工具的使用，养成安全、环保、质量至上的劳动意识。

组织学生展示和评价钥匙收纳盒作品，感受劳动的成果和成就感，让学生爱上劳动技术。

● 金属加工技术项目属于生产劳动。

任务是加工循迹小车底板，采取以下策略：

展示循迹小车成品，指导学生观看、触摸小车的底板，引导学生感知生产劳动的环境。

学生根据示范，学习金属加工工具的使用方法和工艺流程，并根据图样对循迹小车底板进行加工和检测，掌握科学、合理的劳动技术评价的方法。

纠正学生不规范的操作演示，展示和比较不同作品的实际操作效果，养成良好的生产劳动的习惯和规范操作的技术意识。

指导学生对自己的作品进行操作评价，明确自身的不足之处和改进方向，提高在生产劳动中进行技术评估的能力。

● 电子技术项目属于生产劳动。

任务是制作简易双闪灯，采取以下策略：

欣赏各种流水灯视频，让学生说说它们的异同，引出若要设计制作漂亮的流水灯，可以先学会制作最简单的双闪灯，以此激发学生对劳动技术的学习兴趣。

通过视频认识各种电子技术操作工具和设备，让学生近距离观察和模仿使用各种工具和设备，在实践中逐步掌握基本工具的使用方法，并强化生产劳动中操作的安全意识。

读双闪灯电路图，完成整个焊接任务，以此提高劳动技术中的读图和实践能力。

检验和测试双闪灯的工作情况，提高生产劳动测试中分析和解决问题的能力。

● 组装和调试项目属于生产劳动。

任务是循迹小车的组装和调试，采取以下策略：

播放循迹小车比赛视频，引出任务——循迹小车的组装和调试，提高学生动手的积极性和主动性。

请学生说出循迹小车的组装顺序、注意事项、工艺方法，培养学生在劳动中观察的习惯，让学生学会确定劳动中方案实现的时序和工序。

看懂装配图，并按照装配图进行组装，提高读图能力，学生在劳动中初步培养严谨、细致、耐心的工匠精神。

组织学生按小组对循迹小车进行测试和调试，记录问题和对应的解决方法，形成较好的技术学习习惯。

按小组进行小车循迹比赛，评选出循迹最佳小车和装配最佳小车，使学生在劳动成果中享受成功的快乐，从而爱上劳动。

（2）其他学科融合劳动教育

● 数学学科融合劳动教育，属于服务性劳动。

任务是幂函数的定义与图像，采取以下策略：

从实际生活情境引入幂函数的概念，并辨析概念。

函数图像是直观理解变量间关系的重要手段，幂函数的图像依赖于指数的值，根据从特殊到一般的数学思想，鼓励学生借助计算器采点，动手作出几幅特殊的函数图像。

引导学生与同学交流，通过几幅特殊的幂函数图像归纳出函数的一般性质，并动笔给出代数证明。

学生讨论在生活中应用幂函数解决实际问题，比如如何按复利计算某一笔银行储蓄的利率。

● 英语学科融合劳动教育，属于生产劳动。

任务是名人展示项目研究，采取以下策略：

课前阅读袁隆平的故事，以 9 幅图回顾"袁隆平的 90 年"，感受袁隆平所具备的在工作中吃苦耐劳、勇于创新的品质。

创设情境：国际文化节之名人展活动即将进行。各学生小组选取某一领域中的名人，介绍该人物的职业及其如何克服困难、取得成就的经历。要求学生通过查阅资料，围绕名人的坎坷经历、取得的成就，探究不同职业对于社会的贡献和其价值。同时，在研究项目的展示过程中，学生借助非语言形式，如目光、表情、手势等，以及海报展示，增加研究汇报的互动性和有效性。

结合名人的故事，撰写一段评价人物及其劳动价值的颁奖词。要求使用本单元所学的词汇、句型，内容具有感染力。

● 物理学科融合劳动教育，属于生产劳动。

任务是制作加速度计，采取以下策略：

结合生活实际，引导学生实地考察地铁车厢中拉手的运动情况，分析其原因，探寻其中的原理。学生在探索的过程中发现物理与生活的联系，提高动手能力，培养科学思维能力和自我探索精神。

组织学生设计、制作加速度计，包括原理图的设计、材料的选择。

小组之间进行交流，学生分享设计思想及制作过程中的困惑与疑问，培养学生发现问题的能力。学生发现生活中处处都要用到物理，物理规律能服务人类。学生在提高劳动技能的同时，也提高了物理的应用意识。

组织学生对自己制作的加速度计进行实地测验，针对出现的问题进行分析并改进。学生在探究过程中，学会记录、归纳并分析数据。这样提高了学生的小组合作意识，培养了学生发现问题、解决问题的能力，引导学生产生物理服务于社会的意识。

● 化学学科融合劳动教育，属于生产劳动。

任务是与氯碱工业相关的粗盐提纯、电解饱和食盐水，采取以下策略：

布置课前任务，引导学生自主学习粗盐中难溶性杂质和可溶性杂质的性质、利用过滤操作除去粗盐中的难溶性杂质、利用沉淀剂除去部分可溶性杂质的相关知识并形成学习报告，进行小组交流，培养学生的自我学习能力。指导学生查阅资料，了解粗盐提纯和氯碱工业的化学史实，了解吴蕴初创办天原电化厂的历史背景，知道电解饱和食盐水的原理与烧碱、氯气和氢气的制取方法，培养学生通过查阅资料获取知识的能力。

组织开展"粗盐提纯和氯碱工业"的学习交流，通过练习检测反馈学生在自主学习中产生的困惑，培养学生的合作学习意识。组织开展粗盐提纯步骤的讨论和方案制定，进行小组实验，培养学生的实验技能与动手能力。引导学生体会"实践出真知""绝知此事要躬行"的道理，树立尊重劳动、知行合一的观念。

组织学生以学习小报的形式分享资料。根据粗盐提纯中沉淀剂的选择及沉淀剂加入的顺序进行讨论，评价实验方案的优缺点。开展动手实验活动，除去粗盐中难溶性杂质和可溶性杂质，提纯后电解饱和食盐水，得到阳极产物和阴极产物，并进行产物检验和验证，开展小组合作实验活动。引导学生对信息进行归纳整合，培养设计合理的实验方案的能力。通过分工合作、动手探究，养成一定的实践操作能力、语言表达与分析反思能力，体会劳动成果的来之不易。在探究的过程中体会"化学即生活"，确立"从生活走向化学，用化学服务生活"的观念，体会氯碱工业在生活中的应用和实践意义。

● 生物学科融合劳动教育，属于生产劳动。

任务一是认识细胞，采取以下策略：

作为一门研究生命现象、生物活动规律的自然科学，生物学科的理论知识来源于人类的劳动。带领学生体验科学家研究细胞结构的经历，激发学生探索细胞结构和功能的学习兴趣。

展示细胞模型，引导学生观察分析不同细胞结构的特点，体会不同细胞结构与功能相适应的生物学观念。示范讲解细胞壁、细胞膜、细胞质、细胞核等的制作要点，组织学生体验制作细胞模型，锻炼学生的动手劳动能力，促进生物教学与劳动教育的深度融合。

引导学生交流分享细胞模型制作过程中的感受，体验生命的神奇。

任务二是制作微型生态系统，采取以下策略：

用图片或视频展示不同生态系统的结构和功能，引导学生认识到生态系统多样性的重要价值。

组织学生交流、分析不同生态系统所具备的不同的非生物环境成分和不同的生物组成（生产者、消费者和分解者），体会生态系统组成的复杂性和稳定性之间的联系，让学生在课堂中学会脑力劳动。

布置任务，分小组制备微型生态系统，并展示范例，组织学生动手实践，激发学生亲手实践的积极性，让学生在劳动中学会生物知识，在生物课堂上体会劳动的快乐感。

组织学生对制作的微型生态系统进行自评与互评，针对生态系统的创新性、观赏性、稳定性等方面进行综合评价，引导学生充分认识生态系统是生物和无机环境、生物和生物之间各种关系的总和。

● 政治学科融合劳动教育，属于生产劳动。

任务是建立在劳动和奉献中创造价值的认识，采取以下策略：

选读《德意志意识形态》片段，撰写发言稿。

请谈谈对于"劳动创造了人本身"的理解。

情境分析：一个"90后"护士的独白——如何弘扬劳动精神，实现人生价值？在2020年初的战"疫"中，她主动请缨去金银潭医院看护新型冠状病毒感染的重症病人。思考：如果你是她，在家人的不理解甚至不赞同之下，你会作出怎样的选择？为什么？如何评价医护人员的劳动价值？她的做法有什么积极意义？可以从个人和社会两个角度或其他角度讨论。

思考以下问题：一个只想着自己吃好、喝好、玩好的人会幸福吗？你认为怎样的人才是幸福的？什么样的生活才是幸福生活？

通过教学，进一步强化了学生对于劳动的重要性和必要性的认识。

● 历史学科融合劳动教育，属于生产劳动。

任务是了解印刷术的诞生，采取以下策略：

出示竹简、帛书等的图片资料，向学生展示中国古代早期的书写形式，引出印刷书籍的诞生。

组织学生学习了解造纸术、雕版印刷术和活字印刷术的发明及其发展脉络，体会中国古代先民从日常生活劳动中而来的智慧与创造。

利用视频介绍或实物演示等形式向学生展示雕版印刷术和活字印刷术的操作流程，以此帮助学生体验古代劳动人民的日常劳动生活。

通过展示雕版印刷术和活字印刷术的操作过程，让学生思考雕版印刷和活字印刷在制作书籍方面各自的优点和缺点，启发学生提出改进方法，在劳动实践中提升自身的能力。

● 地理学科融合劳动教育，属于服务性劳动。

任务是探究大气受热过程，采取以下策略：

结合岛国图瓦卢即将"消失"传闻的材料，让学生思考可能导致该现象出现的原因。通过使用三维地图软件，学生找到图瓦卢的地理位置，探究可能导致岛屿"消失"的因素，了解地理信息技术的应用。

通过实验，验证 CO_2 是温室气体。学生在实验中记录数据，培养地理实践力，在整个动手操作的劳动过程中感受"实践出真知"。

根据大气受热过程示意图，学生能够分析 CO_2 对大气受热过程的影响，培养综合思维能力。

以小组为单位，撰写科学小论文《拯救可能"消失"的岛屿》。

（3）校内综合实践

● 汉服纯手工制作项目属于生产劳动。

任务是手工缝制汉服及相关配饰，采取以下策略：

走近汉服，初识汉服。通过汉服概述，知道"汉服"是汉族传统服饰，以及相关的基本常识。学习汉服的发展历史，了解汉服发展的历史脉络，掌握汉服的服装基本形制及特点，知道汉服的色彩、用料。学习汉服的礼仪文化，懂得汉服的文化意蕴，学会有关汉服的基本礼仪。

走进汉服，"一针一线，一衣一裙"，学会汉服制版方法，动手打版缝制一套汉服。学会汉服着装方法，了解穿着的要求，学会搭配汉服的基本发型、妆容。学会制作汉服配饰，如执扇、荷包等。

策划汉服宣传展示活动。在活动聚会上展示汉服、传播汉服文化。

策划将汉服与学校的演出活动相结合。比如，在进行民乐表演时、在元旦诗词诵读会上穿着汉服。

● 点心制作项目属于生产劳动。

任务是"团圆"月饼制作，采取以下策略：

了解面粉的种类、特点，能够鉴别面粉品质，正确选用制作月饼的面粉。

通过实践，能够初步掌握月饼馅心、月饼面皮的调制技能，以及月饼的成型技能、熟制技能，月饼装盘技法。

合理选用原料，通过适当的加工处理，制作出安全、健康、美味的中式点心。

为中秋佳节手工制作中式点心，弘扬传统文化。

● 电子贺卡制作项目属于生产劳动。

任务是中秋"团圆"电子贺卡制作，采取以下策略：

通过手机收集中秋节、月饼等的相关素材。

使用 H5 或小程序设计制作电子祝福贺卡。

根据不同的创意内容，完成电子贺卡的制作，分享给家人和朋友。

● 短视频制作项目属于生产劳动。

任务是中秋"团圆"视频制作，采取以下策略：

了解短视频制作的工作流程，收集中秋传统文化习俗素材，拟定短视频制作脚本。

使用手机摄影的基础功能，根据脚本合理选择音视频媒体素材。

根据短视频制作的后期工作流程，完成手机音视频媒体素材的导入、编辑、特技处理。

灵活运用手机编辑短视频，内容明确，突出"团圆"主题。

完成视频制作。

（4）校内公益劳动

● 值日生项目属于日常生活劳动。

任务是卫生劳动，采取以下策略：

由学校卫生室设置若干劳动包干区，并落实每日值勤工作。

班主任安排班级卫生值日表，由学生完成班级卫生工作。

每天早晨、中午、晚上，学生进行包干区与班级的卫生工作，感受劳动的辛劳与劳有所获的喜悦。

每天由卫生室老师进行检查，每周进行两次抽查。每月进行统计，评选出卫生模范班级，纳入先进班集体考核和班主任考核。

● 宿舍内务管理项目属于日常生活劳动。

任务是内务管理，采取以下策略：

学校学生处和宿管部门制定宿舍管理的相关规定，室长做好宿舍公共区域清洁的分工。

住宿生每天离开寝室时完成床铺的整理，书桌的整理，宿舍地面、卫生间的清理和垃圾清倒，等等。每周日开展卫生大扫除。

室长、层长协助宿舍管理员进行人员清点，完成针对检查反馈的整改等事务。

宿舍管理员每天进行检查，对于不符合要求的行为，进行扣分，要求返工。

● 校园服务周项目属于服务性劳动。

任务是校园日常志愿者服务，采取以下策略：

每学期初，由校学生会志愿者服务部制定志愿服务计划，组织招募志愿者开展活动。

志愿者服务部的学生干部指定每个志愿者服务队的负责人。对于已登记的志愿者，根据他们的兴趣、爱好及特长进行分类，分派他们加入不同的服务队，主要担任"爱心伞"志愿者、地铁服务志愿者和学校各大活动（如校园艺术节、元旦文艺会演、校园开放日等）志愿者。

各服务队的指定负责人进一步落实具体任务。

● 爱心市集项目属于生产劳动。

任务是义卖，采取以下策略：

组织各班级及学校部分社团参加。

团委爱心基金会和社团管理部分别对接各班级及社团，确定义卖形式、内容及物品定价。

学生通过制作手工艺品、食物，进行才艺表演等多种形式，在劳动的同时获得收益，并捐献给学校爱心基金会。

● 体育竞赛学生裁判项目属于服务性劳动。

任务是组织校园竞赛，采取以下策略：

设计驱动性问题，激发学生思考，提高学生的自主学习能力。

提供学习资源，为学生搭建学习的"脚手架"。

学生扮演不同角色，明确各自的任务分工。通过小组合作，提高学生的执裁能力和组织能力。

利用信息技术，提升课程质量。

创设真实情境，提高学生的知识运用能力。

2. 社会实践

● 学农项目属于生产劳动。

任务是学习农业科学知识、农业操作技能，进行农家访问调查，采取以下策略：

农村社会实践由浦东新区高中教育指导中心统一安排，在浦东新区实习学校进行学农社会实践活动。

有序组织学生劳动，让学生在劳动的过程中，感受劳动的辛劳与劳而有获的快乐。

通过田间劳动等各种农村实践活动，培养学生吃苦耐劳的意识，磨炼精神，学习和掌握一定的劳动技能，了解社会，增长课外知识，增强生活自理能力、适应环境能力和动手实践能力。

建立评价机制，落实学校的综合评价。评选出学农优秀学员，填写《社会实践记录册》，自行记录活动内容，以及劳动感悟、收获与体会。

● 职业体验项目属于生产劳动。

任务一是"踏上父母上班路"，采取以下策略：

在中学教育中引入生涯规划教育课程，开展职业体验类的活动，对于引导学生及早规划人生、理性选择职业，有着十分重要的意义。

高一、高二学生在暑假期间，以"踏上父母上班路"的形式进行职业体验。学生通过听讲解、实际操作、现场模拟、动手实践等方式了解各种职业的内涵与详情，明确社会上对人才的需求方向以及人才应该具备的才能，树立敬岗爱业的价值观。

任务二是高一新生去企业参观体验，采取以下策略：

学校与校企合作单位联系，制定参观体验活动的实施方案。根据不同专业，组织高一新生去企业参观体验活动，每个班去一个企业。

学生参观企业，接受岗位内容、岗位技能、岗位职责等培训。做到纪律严明、操作规范、安全到位。

学生与企业骨干或学长互动，接受职业生涯规划教育，树立服务意识，培养爱岗敬业的价值观。

学生完成参观体验小结并在班级内交流。

● 志愿服务项目属于服务性劳动。

任务是公益劳动，采取以下策略：

由学校牵头，联系社会实践基地，制定志愿服务活动方案，对活动时间、范围、活动要求、活动的意义和价值作出明确的阐述，并对学生进行相应的培训。

在各个签约社会实践基地，根据基地的实际情况组织进行形式多样的公益劳动活动。

社会实践基地较多，活动过程中可能存在不安全的因素，要引导学生树立自我保护意识和安全意识，确保活动的安全有序。

组织学生完成服务记录，社会实践基地和学校做好中学生实践平台的录入工作。

● 顶岗实习项目属于生产劳动。

任务是高三学生参加校园招聘会（按专业签约实习），采取以下策略：

学校与校企合作单位对接，根据不同专业、不同实习阶段，邀请对应的企业来校设摊，开展校园招聘会。

学生制作好简历，经班主任、学校德育处审核，交学校实习与就业部门盖章，准备好专业技能作品，进入校园招聘会。

学校搭建平台，学生与企业双向交流。签订学生、学校、企业三方实习协议。

建立学生实习评价与管理机制。学生填写《实习生手册》，记录实习内容及劳动感悟，还有企业评价等，学校将其作为毕业依据。

● 公益服务项目属于服务性劳动。

任务是川杨河步道治理行动，采取以下策略：

学校与上钢新村街道协同制定川杨河步道治理行动方案，对活动时间、范围、活动要求、活动的意义和价值作出明确的阐述，并对学生进行相应的培训和方案讲解。

学生对在川杨河步道收集的垃圾进行分类，协同环卫部门进行清运。同时，学生对居民的不文明行为进行劝阻和宣传教育。

川杨河步道治理行动过程中可能存在不安全因素，学校要引导学生树立自我保护意识和安全意识，确保活动的安全有序。

学生须完成服务记录，记下服务感悟。学校组织学生会干事进行川杨河步道治理检查，评选出"优秀志愿者服务队"并进行表彰。

● 社区宣传项目属于服务性劳动。

任务是主题墙面宣传画绘制，采取以下策略：

学校与居委会商议墙面宣传画的主题，制定相应的活动方案和活动计划。

根据学生参加活动的时间，安排社区志愿者进行安全保障和后勤服务。

学生查找资料，制作墙面宣传画的内容，并绘制小稿，由专业教师修改后确定正稿。

专业教师带领学生根据计划进行多次活动，对墙面宣传画绘制过程中存在的隐患进行筛查和探究，发现问题后，查找原因。

组织学生进行自评和互评，评选出"优秀志愿者"并进行表彰。

3. 家务劳动实践

家务劳动实践属于日常生活劳动。

● 烹饪项目的内容是"跟着季老师学做菜"，在厨艺入门阶段采取以下策略：

认识常用的厨房工具及其安全使用方法。

掌握基本的洗、切、配等加工技艺。

能较好地独立制作 3 道本帮菜。

完成相应的记录单。

在"创意达人"阶段采取以下策略：

以健康饮食为标准，进行菜品的改良，并录制视频，完成"我的改良之思"劳动任务。

学习荤素搭配方法，提高菜肴的营养价值。

完成"跟着季老师学做菜"系列课程的学习，独立为父母烹饪一桌菜肴，并完成"我的搭配之道"劳动任务。

● 园艺项目的内容是植物栽培，采取以下策略：

认识常用的园艺工具及其安全使用方法。

掌握基本的园艺流程与常见家庭植物养护知识。

种植并养护好 3 盆盆栽植物。

完成相关的植物观察日志。

● 收纳技巧项目的内容是内务整理，采取以下策略：

认识并学会使用常用的收纳工具。

能够利用收纳工具整理自己的房间。

尝试收纳客厅物品、洒扫庭院等。

撰写收纳体会。

● 家庭美化创意与搭配项目的内容是房间布置，采取以下策略：

在完成"园艺入门""收纳入门"的学习之后，学生能够运用所学的知识自主搭配，美化自己的房间。

学习创意搭配基本方法，能够利用家庭现有材料进行家庭美化。

讲述"我的改良之思""我的搭配之道"劳动任务，完成相关视频录制。

第二章

校园劳动教育：
追寻课程视野，且行且融入

校园生活涉及教育、教学、管理各领域，因而学校的劳动教育课程可从活动、课堂和自主管理三个方面设计内容，将其渗透在各门学科的实践中。本章从课程视野出发，探索如何在深入理解社会主义核心价值观的基础上，传承"明德善学"校训，培育"高品质、高品格、高品位"的"三品"学生。以创设"明德善学"劳动育人课程体系的总框架为发端，进行劳动教育校本探索。具体而言，是以提高劳动教育师资队伍的思想觉悟和整体素质为目标，解决好劳动教育课程资源的开发利用以及将其与校本特色资源相结合等问题，从更新观念、开拓思路两方面探索在校园中开展劳动教育的行之有效的措施。

第一节
让课堂成为劳动教育的文化场

"明德善学"（简称"明善"）劳动育人课程体系总框架分为四大板块，即"思敬"文化、"明善"课程、"明善"评价和"明善"管理（见图2-1）。"思敬"文化以"思绎敬道"为核心理念，使学生在对学校悠久历史、弘扬美德校园文化的思索寻求中，在对校园环境的自觉维护中尊崇劳动的内涵，树立劳动观念，将乐于劳动、勤于劳动、善于劳动作为自发的追求。"明善"课程以"乐学善思"为构建核心，在特色隐性课程、基础课程和拓展课程的多维体系中，培养学生成为善于学习、勤于思考的学习型劳动者，从而拥有终身学习、不断精进的能力。"明善"评价以激励引导为原则，让过程性评价、效果式评价和研讨式评价成为学生实现全面发展的助力，使学生体会到付出努力、满足需求、实现目标的路径完全有可能，从而巩固热爱劳动的信念。"明善"管理以师生联动

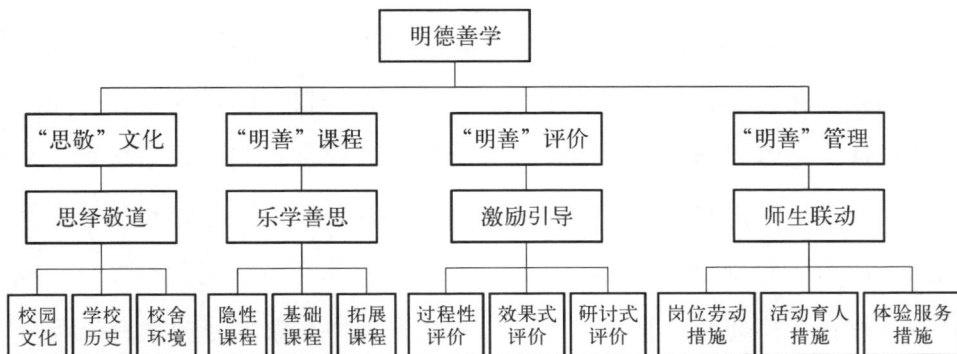

图2-1 龚路中学"明德善学"劳动育人课程体系总框架

为实践指南，通过岗位劳动措施、活动育人措施和体验服务措施给学生带来全方位的体验，使学生有机会由接受管理升级为自我管理，在劳动中准备好走向社会，成为合格的社会人。

传统教育评价方式在很大程度上影响着学生、教师、家长的行为方式。在升学的过程中，选拔标准基本上偏重对学科知识的测试，其他指标仅作为参考。这种选拔方式让很多优秀学生所具备的乐于奉献、勤劳能干等优点无法有效地体现出来。高中、大学在招生录取的时候，如果主要看分数高低，就有可能与这些优秀学生失之交臂。与此同时，社会上普遍认为学生只有在学业上"成功"才会有好的出路，过于看重学历，看重各种才艺资格证书、等级证书，忽视了培养孩子的劳动能力。然而，国家不仅需要有高水平专业知识的科学技术专家，还需要有极强动手操作能力的能工巧匠，而技术技能型人才、大国工匠后备人才等方面结构性缺口很大，高技能人才供需缺口达 2 000 万人，成为产业转型升级的重要制约因素。要扭转这一局面，势必要改变人们的观念，传统课堂教学不能停留于仅仅传授学科知识，而是需要在课堂中传承劳动精神，培养学生的劳动意识。

一、课堂劳动教育的实施路径

学校教育的核心是课程，劳动教育需要依托一定的课程去实现。学校劳动教育课程坚持"五育并举"方针，以劳动教育课程为依托，通过科学设计、总体规划、学科融合对劳动教育课程进行创新，落实初、高中劳动教育一体化的教育目标。学校设计了劳动教育综合育人课程体系图谱，如图 2-2 所示。劳动教育综合育人课程体系由家庭劳动教育、校园劳动教育和社会劳动教育三大部分构成。其中，家庭劳动教育课程分为"以劳自立""以劳立德""以劳育美"三个板块。校园劳动教育课程分为"走进课堂"（包括艺术、劳动技术、信息技术与科学等课程，以及拓展课）、"走进活动"（以校园节日活动为主）、"走进管理"（以学生自主管理委员会为主）三大板块。社会劳动教育课程则主要依托二工大资源和社会基地资源开展劳动教育和相关活动。

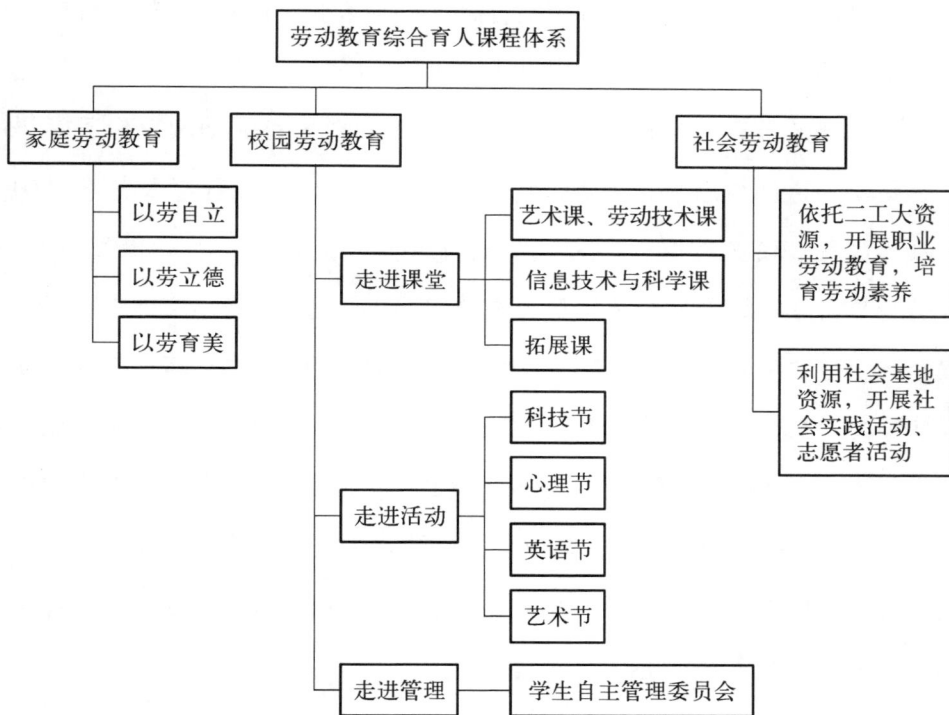

图 2-2 劳动教育综合育人课程体系图谱

（一）依托两类课程，推进劳动教育特色化

在劳动教育课程设置上，学校采用"隐性"和"显性"课程相结合的模式开展学生的劳动教育，实现"显性课程"与"隐性课程"协同推进。

这里的"显性课程"是指以劳动教育为主要内容的课程。根据《关于全面加强新时代大中小学劳动教育的意见》要求，中小学劳动教育课每周应不少于 1 小时。学校将继续在劳动技术课、艺术课、信息技术与科技课等基础课程中落实显性课程，重点培养学生的劳动能力，使学生养成良好的劳动习惯。

同时，学校也在其他学科中整合融入劳动教育"隐性课程"，也即在体现师生关系、校风、学风等的学校情境中以间接、隐性的方式表现劳动教育内涵的课程。学校以"劳动教育＋"的形式将劳动教育渗透到语文、数学、道德与法治、生物、物理、化学等基础型课程以及各学科的拓展型课程、研究型课程中去，在教研组长工作会议上落实相关要求，充分挖掘各学科课程中与劳动教育相关的元素。比如，在语文课中弘扬劳模精神、劳动精神，在数学课、生物课、化学课等课堂中提高学生的劳动操作能力，在科学课中提升学生合作探究的能力，在道德与法治课中涵养化育学生的劳动道德和情感。此外，学校学生发展部也配合在各项活动中渗透劳动教育的内容，丰富劳动教育的内涵，注重劳动价值观和劳动素养的培养，在潜移默化中让学生体味劳动教育的独特魅力。学校劳动教育课程设置情况如图 2-3 所示。

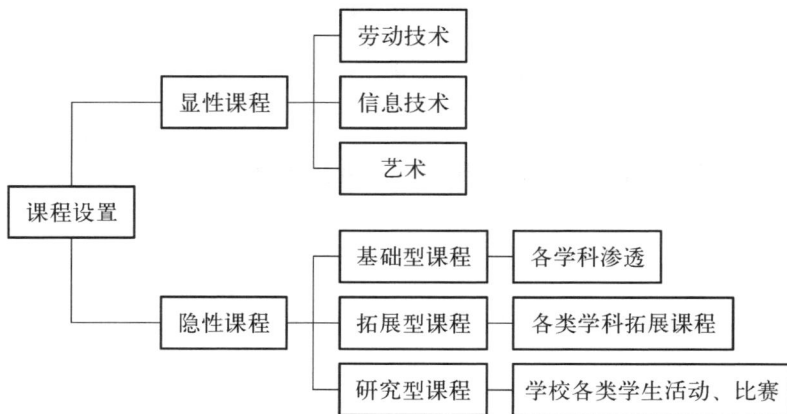

图 2-3　劳动教育课程设置

举例来说，学校有一个"迷你百草园"劳动基地，学生在劳动基地参加种植太空种子的活动。学生种下种子，认真地做好标签，定期去观察记录种子发芽情况，亲手侍弄一棵棵珍贵的幼苗。在这样的活动中，伴随着种子发芽成长，学生的兴奋和期待之情溢于言表。在"迷你百草园"的劳动中，学生可以了解航天育种的历史和进展，从而激发起他们探索宇宙和生命奥秘的好奇心和求知欲，培养他们对于浩瀚宇宙和航天科技的兴趣。学生也在体验劳动中有所收获，他们不仅参与了社会实践，培养了科学兴趣和热爱劳动的良好习惯，还体味了劳动创造人类美好生活的真理。

（二）用足基础型课程，力求劳动教育实效化

基础型劳动教育内容能最大限度地提升学生的思想认识，且与日常教育活动密不可分，因而除了可以在日常生活中将多种劳动教育内容潜移默化地教授给学生，学校还要用足用好基础型课程，切实提升一线教师的劳动教育意识，深挖教材、课堂教学中与劳动教育相关的要素，在劳动技术课、科学课、道德与法治课、语文课等课堂上培养学生的劳动习惯，提升学生的劳动能力，提高学生的劳动素养。

以高中的"中华漆艺术"教学单元为例，为了落实中华优秀传统文化进中小学课程的广度问题，我们将漆艺教学加入基础型课程中，让漆艺走进高中校园。由于一部分教师对非物质文化遗产采取静态化、技法化的传承模式，我们在这一单元的开发中，重视学生对漆艺文化内涵与自身经验的深度融合，使学生了解漆艺复杂多变的风格样式与纯粹统一的精神内核之间的关系，引导学生从作品、时代、技艺中探寻民族精神，鼓励学生用艺术创作来表达自身的体悟与热情。

漆艺教学单元可从以下角度来开展课程教学：从知识与技能的角度，

让学生了解漆艺的历史并能够初步赏析各时期的漆工艺作品，体验漆艺中富有代表性的传统工艺——髹漆、磨显等，从而获得对漆工艺和材料的探究能力与实验能力。从过程与方法的角度，通过运用访谈调研、比较分析、田野调查等方式，帮助学生从漆艺元素、形式法则、价值体系、人文情感等方面全方位地审视某一件作品，并尝试理解其反映出的文化环境与时代背景的关系。从情感、态度与价值观的角度，让学生与我国非物质文化遗产共情，体悟漆艺视觉形象变化与非物质文化遗产文化空间变迁的缘由。引导学生尝试理解人与自然、人与社会、人与自身的对立统一关系，在借由"漆艺"阐释"记忆"的过程中，探寻漆艺之美的文化质地与民族精神之间的关系。高中"漆艺"单元课程架构图如图 2-4 所示。

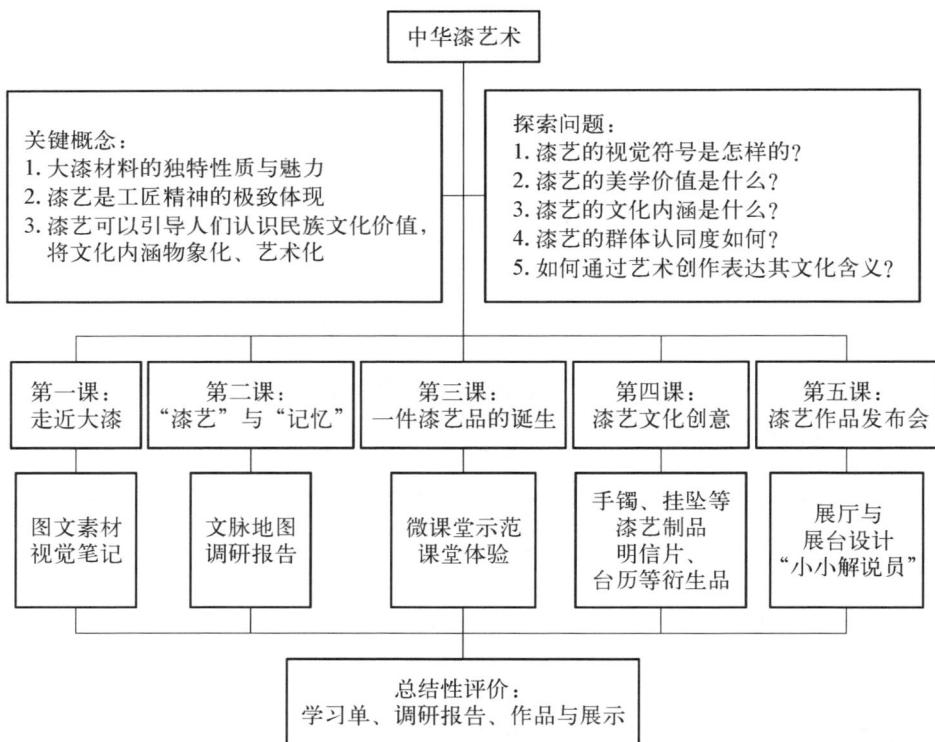

图 2-4   高中"漆艺"单元课程架构图

（三）兼顾课时师资，推动劳动课程全面化

劳动教育直接决定社会主义建设者和接班人的劳动价值取向和劳动技能水平。新时代背景下的劳动教育更关注个人的发展，遵循学生成长的规律，培养学生的劳动素质和综合素养。学校应全面开展与劳动教育相关的校本课程和综合实践活动，综合考量学生之间年龄的差异、城乡的差异、地区的差异等，开发不同的劳动项目和课程。要确保劳动教育课程的质量，为这些长期开展的课程配备稳定的师资队伍是必要条件，因而学校的劳动教育课程必须要配足一定数量的专任劳动教育指导教师，也要保证一定的课时量。

在师资队伍建设方面，学校秉持"帮助教师成长是最大的成功"的理念，致力于"专业精良、风格显著、善于反思"的学习型教师队伍的打造，成立了一支专职和兼职相结合的劳动教育师资队伍，并保证劳动教育必修课每周不少于1课时。目前，学校有劳动教育教师共68人，其中有26名专任教师，平均年龄为35岁，包括区学科带头人1人、区教育教学能手6人。学校通过培训、观摩、比赛等方式，增强教师在劳动教育方面的教育意识和教育能力，从而提升劳动教育课程的质量。充实高效的劳动教育课程的实施，促使学生在劳动教育中实现劳动知识向劳动能力、劳动素养的转变。

在师资队伍管理方面，学校制定和完善了"校本研修管理制度"等7个相关文本，结合教师专业发展的短板及教师的实际需求，围绕教师"1＋5"专项能力提升，聘请专家开设讲座，组织开展了教师演讲比赛和课堂教学评比等一系列研修活动，帮助教师解决工作中的实际问题。同时，为应对人工智能时代的到来，学校在活动中增加了对人工智能时代教师所应具备的专业素养的培育。学校对于师资力量培育的重视取得了

一系列成果。目前，学校教师中，列为上海市普教系统名校长（名师）后备人选 6 人次、区级学科带头人骨干教师 13 人次。现有 6 名区学科中心组成员、66 名中高级教师，涌现了一批市级优秀班主任，"优秀教师君远奖"和市、区"园丁奖"获得者，以及上海市优秀教育工作者。近年来，学校招聘了一批青年教师，其中有毕业于师范大学的优秀研究生、本科生，也有来自综合性高校的优秀毕业生，还有留学归来的硕士生，充实了教师队伍。学校专门设置了"思敬书院"培养教师的教育教学能力，同时还聘请专家，成立"名师工作室""特级教师工作站"，使得教师的教学能力和综合素质得到进一步提高，也推动了劳动教育与学科的结合，为劳动教育课程的全面化做好了准备。

二、劳动教育课程的学科渗透

劳动教育的内容主要渗透在相关学科和活动中进行，根据各门学科的特点有机地在课程中渗透劳动教育，产生了一批各学科典型案例。

（一）初中学科的典型案例

1. 语文课程

永远执着的美丽

文中写道，就在袁隆平荣获首届国家最高科学技术奖的喜庆日子，在他接受首都新闻媒体的联合采访时，作者听到了"美丽"这个词，发现这位享誉世界、功勋卓著的杂交水稻之父的横空出世和美丽有直接的关系。童年时对于园艺场的美丽的记忆，使袁隆平从此与"农"结下不解之缘。"我做过一个好梦，我们种的水稻，像高粱那么高，穗子像扫把那么长，颗粒像花生米那么大。几个朋友就坐在稻穗下面乘凉。"科学家之梦的淳美境界伴随了袁隆平执着追求的一生。

【教学目标】

情感、态度与价值观目标：理解"执着的美丽"的含义，体会袁隆平一生追逐梦想的精神。

过程与方法目标：通过找文中的关键词句、查阅字典，探讨"永远执着的美丽"的意义。

知识与技能目标：会读、会写生词，品读文中对"美丽"的释义。

【教学重难点】

重点：抓住关键词句，品味文中的语言。

难点：挖掘"美丽"的含义。

【教学过程】

教师由"感动中国 2004 年度人物"袁隆平的颁奖词引入。"他是一位真正的耕耘者。当他还是一个乡村教师的时候，已经具有颠覆世界权威的胆识；当他名满天下的时候，却仍然只是专注于田畴。淡泊名利，一介农夫，播撒智慧，收获富足。他毕生的梦想，就是让所有人远离饥饿。喜看稻菽千重浪，最是风流袁隆平！"

通过分析题目，让学生了解什么是"永远执着"的梦想，了解袁隆平一生有哪些梦想。教师通过启发性导问，让学生体会这些梦想之间有怎样的联系，不同阶段的梦想与"永远执着"又有怎样的关系。

学生知道袁隆平在他执着追求的过程中取得了巨大的成就，在文中找出体现他执着付出的相关词句，分析他"永远执着"的具体表现。

荣耀、辉煌、名利没有动摇袁隆平的决心。这么多年以来，这位"泥腿子科学家"从播种到收获，标准形象都是亲力亲为，挽起裤腿下稻田。这是劳动者的伟大形象。学生从这种"美丽的行为"（为实现梦想几十年如一日的行动）中体味"美丽"的内涵，尝试理解"美丽的精神"——坚持不懈、坚忍不拔、百折不挠、淡泊名利、义无反顾。

教师总结全文：

我们从字词入手，围绕文章题目，在朴实的语言当中感受执着，品味美丽的内涵。在这过程中，我们看到一位为了梦想执着追求，拥有美丽境界的神农——袁隆平。袁隆平在他寻梦的路途当中，始终在思考如何创造更多的"美丽"。实现了一个个目标，他依旧在执着地追求美丽的梦想——把杂交水稻推向世界，造福全人类。

【教学反思】

本文描写袁隆平先生一生执着追寻美丽梦想的人生历程。主人公六十年追逐梦想的亲身经历生动地诠释着"敢为天下先"的时代精神。他在追逐梦想的过程中遇到过不少困境和挫败，但是他并没有退缩，而是凭借自己坚忍不拔、百折不挠的精神执着追求自己的理想。这些精神是非常可贵的。在教学过程中，一定要让学生领悟袁隆平先生的崇高品质，感悟他执着追求理想的精神，从而体会其劳动精神。

为了实现这一教学目标，教师选择了品读涵泳的教学方法，通过对文本的圈画品读，让学生认识到袁隆平为了实现理想百折不挠、坚忍不拔、淡泊名利的精神。例如，他在研究的初期，为了得到所需要的天然雄性不育株水稻，整整两年时间，他和妻子一起几乎踏遍了当地所有的稻田，顶着烈日前后共检查了 14 000 个稻穗。通过对这些句子和段落的反复品读，学生能够深刻体会袁隆平所展现的主动劳动、以劳动为乐的精神，也明白在追寻理想的道路上，如果碰到困难和挫折，不要轻言放弃，不要退缩，要有坚忍不拔、百折不挠的决心和勇气。

今后在教学中可以多给学生留一些静心品读的时间，这样有利于对学生思维品质的培养。课堂上的亮点需要在以后的教学中不断加强，以便充分强化语文学科的育人价值功能，拓展学科融合劳动教育内容的外延。

2. 美术课程

公益招贴画设计

【教学目标】

知识与技能目标：了解徽标的特征、类型和用途，掌握徽标平面设计的创作方法。

过程与方法目标：通过赏析、评述不同风格的公益招贴画作品，熟悉公益海报的艺术特点、表现类型和设计手法，做到能够独立设计公益招贴画，提高设计能力。

情感、态度与价值观目标：通过公益招贴画这种艺术化的宣传方式，宣传良好的道德风尚，增强社会责任感，树立环保意识和劳动意识。

【教学重难点】

重点：了解招贴画的构图形式与艺术特点，能够掌握图形设计的基本方法。

难点：根据校园绿化的特点，设计出信息准确、简洁、独特、美观的标志。

【教学过程】

教师播放歌曲视频，提出问题：歌曲表达了什么内容？学生回答问题：这首歌表达了祈求世界和平、人类友爱、社会富足的心愿。教师根据学生的回答追问：我们可以通过歌唱的形式呼吁世界和平，那么除了这种形式，还有什么方法可以引起人们的共鸣呢？教师根据学生的回答，引出课题"公益招贴画设计"。

教师引导学生自学并根据课前搜集的资料回答问题：公益招贴画设计的用途是什么？

学生阅读资料与分享交流后回答：公益招贴画设计以社会公益性问题（如交通安全、环境保护、教育、卫生等）为主题，通过某种观念的传达，呼吁公众关注，为公益服务。

教师借助多媒体展示公益招贴画作品与一些招贴画的设计草图，并提问：作品采用了什么样的表现形式？作者想要表达什么样的主题？这种招贴画里的图形具有什么样的特点？作品中的文字有什么作用？

教师引导学生思考问题，学生讨论后，教师根据学生的回答作总结：图形标志设计的形象具有简洁明了、容易识别、主题突出等特点。图形设计的过程中可以采用同构、正负形、渐变、色彩对比等创意手法。作品中的文字包括标题、标语、文案和其他解释性文字，可以起到传情达意、表达中心思想的作用。

学生对公益招贴画有了一定程度的了解后，教师以"校园绿化"为主题进行图形设计示范，并讲解"选题—构思—构图—定稿—着色"的过程，提示学生进行创作时，要从色彩、构图等角度，根据设计创意的特点来完成作品。

学生进行公益招贴画设计实践，教师巡视指导，针对学生的共性问题及时给出意见。教师组织学生开展创作活动，引导学生自愿展示作品并作出小结评价。

教师布置作业：课后，请以"我为垃圾分类作贡献"为主题，设计公益招贴画作品。

【教学反思】

教师总结重点知识，升华情感，引导学生通过公益招贴画这种艺术化的宣传方式，宣传良好的道德风尚，增强学生的社会责任感，树立环保意识和劳动意识。以"我为垃圾分类作贡献"为主题，让学生设计公益招贴画作品，目的就是让学生利用美术技艺来记忆生活中劳动的点点滴滴，为对未来的美好憧憬绘制蓝图。学生在课程和活动中还能进一步理解劳动对于艺术的意义，亲身实践，让学生在"做"中"学"。

3. 信息技术课程

家庭影片初制作

【教学目标】

● 学生能够说出图像编辑软件的界面组成，并能独立完成片头的制作。

● 在自主探究和合作学习中，提升学生表达、交流的能力和自主学习的能力。

● 将信息技术与生活实际相联系，提高学生对信息技术的兴趣，认识到利用信息技术记录家庭生活也是一种创造性劳动。

【教学重难点】

重点：图像编辑软件的界面组成及制作片头的操作步骤。

难点：制作片头的操作过程。

【教学过程】

教师先导入新课，请学生观看几个家庭影片精美小视频，并让学生思考：这些经过图像编辑的家庭影片小视频与我们在日常生活中拍的小视频相比，有哪些优点？学生觉得经过图像编辑的家庭影片小视频更具有观赏性。教师便引导学生了解对影片进行编辑的主要目的就是更好地呈现生活的精彩片段，从而提高影片的观赏度。而对影片进行编辑，首先要做的就是为影片制作精彩的片头，于是引入新课"制作片头画面"。

在新课讲授环节，教师为学生布置了一系列循序渐进的学习、实践任务。这些任务包括运行图像编辑软件、认识软件界面、插入片头图像和设置片头画面。

教师请学生运用之前学过的方法自主操作，打开图像编辑软件，并请学生根据之前对窗口的认识，说出自己所知道的界面组成（菜单栏、导航面板、选项面板、预览窗口、素材库、时间轴等）。接下来，教师请学生合作探究时间轴和预览窗口的功能。对于总结概括能力强的学生，教师可以予以肯定和鼓励。教师演示片头图像的插入后，请学生按照步骤自主在电脑上操作。随后，请学生以同桌的两人为单位，用五分钟时间完成设置片头画面的操作，并请学生总结出操作步骤。教师再视情况加以补充。

在巩固提高阶段，教师请学生根据自己做的家庭影片视频内容，制作一个有自己风格的片头。学生完成后，教师选择优秀作品在大屏幕上展示，并分享如何制作符合视频特点的精美片头的经验。

最后，以学生总结、教师补充的形式进行总结。教师布置作业，请学生查阅相关资料，了解制作片头的其他方式，下节课与同学分享。

【教学反思】

劳动教育融入信息技术课，因脑力劳动的介入而简化了部分手工劳动的过程。相较于传统的劳动教育课程，与信息技术融合的现代新兴劳动教育课程有很多优点，如在课上学会的劳动技能易操作、可迁移、实效强、可创新。视频制作不同于某些枯燥的劳动技能学习，它关系着很多有益的、有趣的生活实用技能。当学生想要学习的主动意识被调动起来以后，他们自身丰富的创造力和想象力就会相应地展现出来，表现出独特的个性及巨大的潜能。与此同时，学生对劳动的认知和劳动的习惯也就相应地培养起来了。

4. 体育课程

迎面接力障碍跑

【教学目标】

● 能自行选择方法快速、安全地通过障碍。

● 发展速度、灵敏和协调的能力。

● 主动参与，团结协作，体验活动中的成功，树立自信。

● 在体育锻炼中培养吃苦耐劳精神。

【教学重难点】

重点：快速安全地通过障碍。

难点：相互配合、动作协调、连贯、快速。

【教学过程】

教师创设情境——奥运运动健儿苦练本领，导入本课内容，培养学生吃苦耐劳的精神。

教学分为激发兴趣阶段和自主探究阶段。教师带领学生运动，讲解示范。学生跟随教师运动，模仿教师练习。对于迎面障碍接力跑的学习，学生学练结合，先认真听教师讲解设置各个障碍的目的，学习教师示范的通过障碍的方法，再仔细观察，弄清通过障碍的方法。学生仔细观察同伴的演示并评价，再分组依次慢跑试练，教师点评。学生认真练习，体会迎面接力要领与方法，展开讨论。学生积极练习，体会快速通过障碍的方法。

学生练习一段时间后，教师组织学生分组比赛，讲解比赛方法和要求，就比赛细节提问，并组织学生体验难度较高的动作。学生认真听讲，弄清比赛要求，积极思考，回答教师的提问并集体体验动作。教师对此加以点评。学生随即快乐地投入比赛。

在知识延伸阶段，教师讲述"搭桥过河"的游戏方法与要求，并作出示范。学生分组游戏比赛，教师要求学生在游戏中团结合作，并对学生鼓励、评价。

在身心恢复阶段，教师带领学生随着伴奏音乐一起放松，学生畅谈学习体会。

【教学反思】

情境教学带给学生许多快乐，学生体会到奥运健儿的吃苦耐劳、精益求精、敢于挑战、永不放弃的精神，这种精神与敬业奉献、勇于开拓的劳动精神是相通的。教师当好学生的合作者、指引者，共同参与学习活动，指引学生发现、探究，助力学生学会学习，让课程体现学生学习的主体性。学生能自觉积极地投入到练习中，在融入劳动教育的体育课程中展现出锐意进取、昂扬向上的精神面貌。

5. 地理课程

"小小农民"劳动教育

地理学科与现实生活密切相关。通过将劳动教育与初中地理课程结合在一起，可以有效地延伸地理教学的广度与深度，使得学生正视地理学习的重要性，同时帮助学生养成热爱劳动的良好习惯，可谓是一举多得。

七年级第二学期的地理课正好有关于"世界农业大国"的内容，学生通过学习农业的相关知识，可以知道农作物的来之不易——从生长所要求的温度、湿度到耕作方式等都有一定的讲究。在这个地理课程中融入劳动教育正当其时，有助于发挥劳动教育在培养全面发展的建设者和社会主义接班人方面的重要的促进作用。

【教学目标】

● 清楚地认识到农业是国民经济的基础，农业与人们的生活息息相关。

● 通过阅读"我国主要农产品产量居世界位次"表与"我国农业产值构成的变化"图，培养学生利用图表学习地理知识的能力。

● 通过对我国农业发展情况的认识，激发爱国热情，也了解到粮食的得来不易。

【教学过程】

教师讲授农业与"衣食住行"的关系，让学生了解农业与生活、生产的密切关系，知道中国是世界上农业生产历史最为悠久的国家之一。中国有多项农产品产量居世界首位。

教师分析"我国农业总产值的增长"图，让学生了解我国农业总产值的增长情况与我国农业的基本发展状况，知道我国农业总产值的构成特点及近年的变化。

学生知道我国耕地资源的特点，从袁隆平院士的故事了解我国的超级杂交稻研究。

教师介绍现代化的农业，如上海孙桥现代农业开发区、其他现代农业开发区或园区。让学生了解"立体式农业"和"工厂化农业"的概况。

完成课堂教学后，教师布置作业，请学生畅想自己对于农业发展的建设性建议，或是学习袁隆平院士的故事后的感想。

【教学成效】

学生经过学习后，有以下感想：

● 袁隆平爷爷用一生时光研究杂交水稻，并未想过自己有一天会获得"杂交水稻之父"的称号。他一直都不忘初心，想做一个善良且对人民有用的人。他拼尽全力，努力投入，尽情享受整个奋斗过程。他几十年如一日，默默地努力奋斗，每次失败或遇到挫折时他都选择坦然接受，最后他成功了！

● 中午，食堂里吃饭的人很多。不知何故，别班的两个同学把饭撒了一地。我看到雪白的米饭撒在地下，心里非常难受。这可是劳动者不辞辛苦种出的粮食啊。当时我就想起了地理课上说到的粮食短缺问题。因此，我希望大家要珍惜粮食，不要浪费。

● 春天，农民辛辛苦苦地进行插秧、播种等工作，要杀虫、施肥，秋天又要忙着收获，跟着再种别的农作物。一年四季，不断重复这些劳作，为的就是种出农产品，然后卖到批发市场。农产品再被运到市场，被人们买回家，最后被烹调成美味佳肴。

【教学思考】

"谁知盘中餐，粒粒皆辛苦。"这句诗我们虽烂熟于心，但"锄禾日当午，汗滴禾下土"的体验却多是纸上谈兵。在中国改革开放和工业化、城镇化进程中，人们越来越少有机会去体验农民耕作的辛苦，无法深入了解真正的田间劳动是什么样子。

很多人都以为农村孩子是"近水楼台先得月"，每天在田间地头摸爬滚打。其实不然，在家里有长辈在前面"顶"着，他们也很少有机会到田间参加日常劳动。

现在的教育强调的是德智体美劳全面发展，枯坐读书、"唯成绩论"肯定是行不通的。如果劳动教育停留在口头上和纸面上，学生缺少实践，没有获得过真正的实际感受，就难免会"四体不勤，五谷不分"。当然，这个现象并不只限于孩子，很多家长也可能是"五谷不分"的，这就需要家长配合，从自身做起，与孩子一起接受劳动教育了。

要想真正实施一次"劳动体验课"，不能浅尝辄止，而是要让学生经历一个完整的过程。

（案例提供者：徐美蓉）

6.劳动技术课程

简易笔筒的制作

【教学目标】

知识与技能目标：了解掌握手工制品的简单制作技艺、木工的基本技能。学会用小手锯进行锯割，学会锯条的安装，学会用砂纸打磨、抛光作品的表面。学会根据构思的方案进行设计表达。

过程与方法目标：通过历史人物故事介绍木工的发展过程。欣赏学生制作的简易笔筒。

情感、态度与价值观目标：通过介绍能工巧匠的故事，激发学生热爱生活、热爱创作之情，培养学生的动手操作能力。

【教学重难点】

重点：对手工木工、机械木工的工具与使用的简介。

难点：认识手工木工、机械木工的工具。

【教学器材】

工具：小手锯、直尺、砂纸、黏合剂。

材料：胶合板。

【教学过程】

教师展示历届学生制作的简易笔筒、杯垫等木制品，引起学生对手工制作、木工技能的兴趣。

教师从鲁班的故事入手，引入木工单元。教师介绍常见的木工工具及其使用方法，以及机械木工的概况。对于常见木料的名称、特征、用途，以及人造材料胶合板，教师也做了介绍。

教师展示简易笔筒、杯垫的草图，分析图纸的设计，介绍要用到的工具及使用方法，如锯条的替换，并请学生上台演示。学生使用准备好的工具、材料和其他辅助用品，开始简易笔筒、杯垫的制作实践。

教师演示根据图纸尺寸用小手锯锯割四块木板，学生画线、下料、修整，体验加工技能，学习选用适合的工具完成不同的加工工作。比如，用小手锯、钢丝锯切割材料或者去除多余部分，用木锉刀、整形锉将锯割后的工件加工成形，用砂磨工具去除加工后的工件上的毛刺，等等。

教师在学生实践过程中，请学生思考以下问题：给工件涂完胶水后，为什么要将其放置片刻才能黏合？（为了防止胶水溢出，弄污工件表面。）为什么最后要把杯垫的边角用砂纸磨光滑，使其略呈圆形？（为了防止锐利的边角割破手。）

在总结与归纳环节，教师指出学生操作中存在的问题，再次强调木工技术操作要求，让未完成作品的学生把材料包好，下节课继续实践。

【教学反思】

劳动技术课程不同于其他学科的课程，它的侧重点在于学生的实践创作，培养学生的动手操作能力、合作探究能力，与劳动教育高度契合。制作劳动技术作品是通过学习、实践木工技术培养学生的劳动技能及勤于分析问题、善于解决问题的劳动习惯。学生能兼顾动手与动脑，培养劳动技能和解决实际问题的能力。

7. 主题教育课程

我的生日我做主

总体来说，当代中学生的思想状况、道德水平、价值观念、精神面貌都是积极健康的。随着我国经济社会的发展和物质生活水平的提高，学生大多习惯了比较丰富的物质文化资源，节俭意识有所欠缺。而节俭意识是勤俭节约、艰苦奋斗的意识，这与通过劳动教育要培养的勤俭、奋斗、创新、奉献的劳动精神是一致的。具备节俭意识，才能形成节俭思维，养成节俭习惯，节俭美德才能得以传承。

有的学生没有树立正确的消费观念，一味追求名牌，讲排场，比阔气，贪图享乐。这是由于在全球化大背景下，消费主义、享乐主义等价值观念的传入、滋蔓对青少年接受并内化勤俭节约、艰苦奋斗的传统美德构成冲击。正常消费没有问题，但我们要反对消费主义、享乐主义的生活方式和拜金主义的价值观。在商品的拥有和消费中体会到的"自由"和"幸福"是虚假的。中学生缺乏节俭意识的现状已经成为影响中学生健康成长的重要因素，我们必须高度重视。

【教学目标】

● 能识别生活中铺张浪费、互相攀比的现象。

● 树立正确的价值观，厉行节约，反对浪费。

● 加强劳动意识和节能环保的意识，在劳动中发挥学生的想象力与创造力。

【教学过程】

（在学生十三岁集体生日活动前两周开展本次主题教育）

教师请学生一起来讨论如何举办这次集体生日活动。

学生分小组展开讨论。

有些学生认为生日就应该是难忘的，应该把生日活动办得气派，设计了盛大的生日聚会。他们表演了一段小品：大家讨论如何把十三岁的生日活动办得气派，各自提供生日聚会方案。

有些学生认为生日活动应该简朴，不必在意活动形式上的豪华与否，同学之间的友谊才是值得珍视的，并与持不同观点的同学展开了一场辩论。

有的学生另辟蹊径，采取采访与问卷调查相结合的方式，调查其他学生和教师对生日活动的看法，并拍摄视频。他们得出结论：生日活动应该简朴、新颖、有意义。他们在课堂上播放了调查视频，也征求其他同学的意见。

（学生十三岁集体生日活动前一周）

学生提出"我的生日我做主"，根据之前讨论的结果，分小组展示各自的生日活动设计。

第一组以 PPT 的形式呈现自己设计的盛大生日派对，背景为高档酒店、价值不菲的生日礼物等。

第二组用"三句半"表演的形式，介绍简单、节俭但又令人难忘的生日活动设计。

第三组以图表的形式展现师生对生日活动看法的调查结果，介绍简朴、新颖、有意义的生日活动设计。

学生达成共识，从三个生日活动设计中选出最佳方案。大家着手进行主题生日活动的准备工作，包括创作歌曲《我们的十三岁》、收集"低碳节能、畅想未来"主题的歌曲、制作环保服装、自制贺卡、确定活动中使用的音乐等。

（学生十三岁集体生日活动当天）

学生根据大家共同选出的最佳生日活动方案，开展"青色岁月，绿色年华"主题生日活动。活动简朴、新颖、有意义，令人难忘，是对十三岁美好年华的最好留念，是参加活动的学生共同的记忆。活动分为以下环节：

● 自制贺卡，互相赠送，展现同学之间的情谊。

● 举行"绿色环保，我行我秀"服饰秀。

● 开展"低碳节能、畅想未来"主题歌曲大联唱。

● 一起唱出青春颂歌——《我们的十三岁》。

【教学反思】

通过本次主题班会，学生意识到过生日不必讲排场，简朴的生日也能办得新颖而有意义。学生树立了正确的价值观，自觉地厉行节俭，反对浪费。在自制贺卡、环保服饰秀、环保歌曲联唱的过程中，学生增强了节能环保的意识和劳动意识，同时也发挥了想象力和创造力。学生共同参与生日活动的设计，体现了自身在活动中的主体性，一起把这次集体生日活动搞得简朴、新颖又有意义。

（二）高中学科的典型案例

1. 语文课程

"歌咏劳动"主题单元学习

近年来，国家对劳动教育越来越重视，从《关于全面加强新时代大中小学劳动教育的意见》《大中小学劳动教育指导纲要（试行）》的发布就可见一斑。学校十分重视劳动教育，除了在校园中开展劳动教育系列专题学习活动以外，还将劳动教育与各学科课程有机地融合。比如，在部编版的高中语文教材中就有一个单元是以劳动为主题，可见劳动教育已融入了语文教学中。

劳动主题单元共有六篇课文：《喜看稻菽千重浪——记首届国家最高科技奖获得者袁隆平》《心有一团火，温暖众人心》《"探界者"钟扬》《以工匠精神雕琢时代品质》《芣苢》和《文氏外孙入村收麦》。它们的内容都是表现劳动改变世界、劳动创造文明的。这六篇课文分为三组，从不同的角度报道劳动者的事迹，倡导践行工匠精神，描述劳动者在平凡岗位上的辛勤耕耘、劳动场景的欢欣。因此，教师就以该单元为劳动教育的切入点，密切结合语文素养教学要求，带领学生进行劳动主题单元的学习。

【单元核心学习目标】

本单元以"歌咏劳动"为主题策划学习。教师计划安排三个学习专题：学习专题一"认识劳动"是感受劳动之美。通过诵读、品析《芣苢》《文氏外孙入村收麦》等两首诗歌，感受劳动的热闹场面，体会劳动的快乐，认识到热爱劳动是我国自古以来的美德。学习专题二"大美工匠"是领略工匠精神。通过精读《喜看稻菽千重浪——记首届国家最高科技奖获得者袁隆平》《心有一团火，温暖众人心》《"探界者"钟扬》《以工匠精神雕琢时代品质》等四篇课文，梳理具体事件，概括出人物的特点，提炼出作者的立场，从而体悟袁隆平、张秉贵、钟扬的劳动情怀和思想境界，感受平凡劳动者非凡的工匠精神。学习专题三"歌咏劳动"是劳动者礼赞，赞颂劳动者在当代的意义。学生依据自己在学习过程中获得的经验，结合具体实例，写一篇人物通讯，以彰显劳动者的辛勤劳动、无私奉献、锐意进取在当下的时代意义，从而达成本次单元学习的主题核心目标。

【单元教学设计】

学习专题一：认识劳动

概述：学生通过反复诵读诗歌，感受诗歌所描绘的劳动场面，体会字词的韵味和诗歌节奏的变化，体验古代劳动者的快乐。将身边的劳动者与古代的劳动者比较，总结出劳动能使人快乐的原因。搜集劳动题材的其他古诗，在小组内分享，初步回答"劳动为什么能使我们快乐"这一问题。

专题学习篇目：《芣苢》《文氏外孙入村收麦》

专题学习目标：

● 能够借助工具书理解古代诗歌的内容与作者的情感。

● 在品析诗句描绘的劳动情景的过程中，巩固解读古诗的方法。

核心问题：为什么说劳动能使我们快乐？

环节问题及任务：

● 对于劳动，你有什么看法？劳动带给了我们快乐吗？

● 古人眼里的劳动是什么样的？学习课内诗歌，体会古人劳动中的快乐之情。

● 搜集其他劳动题材的古诗，在小组内分享，对于"劳动为什么能使我们快乐"这一问题作出初步小结。

核心任务：通过学习课内诗歌与搜集其他劳动题材的古诗，在小组内分享并总结，得出"劳动为什么能使我们快乐"的答案。

教学实施准备工作：

● 学生完成课前预习。先是预习诗歌内容，反复诵读两首诗，读准字音。再查阅字词，结合注释疏通诗意，可以写一写疑难字词或句子。最后，想一想诗歌中的哪些字词可以让人体会到作者所描绘的劳动是怎样的，做好圈画、分析。

● 学生按 4—6 人一组分组。先确定组长，再确定组员，还可以为小组起名。

教学实施过程：

教师利用多媒体课件播放每课的具体教学内容，进行专题引导，呈现每次展示活动的问题及任务。

每次展示活动中，组员完成任务时必须体现分工。每组学生用 10 分钟讨论，用 5 分钟互相点评、答疑。由学生自主设计展示活动评分表。

● 活动一：认识劳动之乐

学生讨论后，得到对于劳动的初步的认知。大家着重讨论了人们对于体力劳动的态度，得出结论：主动的、有意义的、有收获的劳动是快乐的；被迫的、无意义的、无成果的、超出负荷的劳动是不快乐的。

教师引导学生体味文人笔下的劳动。

● 活动二：理解劳动之乐

学生读诗歌《芣苢》，用自己的话概括诗歌所描绘的劳动场面。学生根据《芣苢》的内容，结合关键词句，尝试读出诗中的女性劳动时的心情。学生明确了诗歌描绘的是妇女在田野里一边采摘野菜，一边唱歌，是一幅愉快的田园劳动情景。诗歌以重章叠句的形式展现劳动妇女从采摘到收获的劳动全过程及其愉悦欢快的心情。

这种劳动所带来的快乐，在《插秧歌》中同样有所呈现。学生以小组合作学习的方式做了研究和分析。从动作描写、修辞手法、对话与动作描写等分析角度，研究诗中的关键字词所描绘的景象特点，比如全家出动、配合默契、劳动如战斗、不出声等，体会到人们劳动时的心情是专注、快乐、充满斗志的。各小组组员交流后，轮流发言，相互补充，也相互质疑，达成共识以后，推选出代表，参加班级交流。

● 活动三：搜集劳动题材的诗歌

学生对于"劳动为什么能使我们快乐"作出小结。

学习专题二：大美工匠

概述：工匠精神是在生产实践中凝聚而成的可贵品质，充分展现着劳动之美、精神之美、时代之美。本专题学习让学生通过梳理、概括文章所叙述的人物典型事例，总结"大美工匠"的人物形象特点、精神品质，体会作者的思想情感。以《以工匠精神雕琢时代品质》一文为例，学生尝试整理该文的写作思路，提炼概括"工匠精神"的内涵，体会作者的思想情感。自主分组后，学生合作完成所选篇目的讲解。在学习本专题课文后，学生进行总结，向工匠精神、劳动精神致敬，提升对劳动的认识。

专题学习篇目：《喜看稻菽千重浪——记首届国家最高科技奖获得者袁隆平》《心有一团火，温暖众人心》《"探界者"钟扬》《以工匠精神雕琢时代品质》

专题学习目标：

● 能够梳理、概括文章叙述的人物典型事例，体会"大美工匠"的人物形象特点，体味作者的思想情感。

● 能够整理《以工匠精神雕琢时代品质》的文章写作思路，提炼概括"工匠精神"的内涵，体会作者的思想情感。

● 通过对学习专题一、学习专题二的学习，总结提升对劳动的认识。

核心问题：通过本单元的学习，你会如何评价劳模等先进人物群体中体现的工匠精神呢？你对劳动有什么新的认识？

环节问题及任务：

● 劳动的快乐在文中是如何体现的？辨析文体，明确阅读重点，自主设计篇目讲解评分表。

● 如何评价劳模、先进人物身上所体现的工匠精神？通过学习，你对劳动有什么新的认识？讲解小组所选文章的主要内容，提炼总结出自己的观点。

核心任务：小组成员讲解所选文章的内容，提炼总结观点。

教学实施准备工作：

● 学生分工，完成讲解前的预习任务。先是细读本学习专题的四篇文章，辨别它们的文体，完成对文章内容的梳理，填写每篇文章的预习任务表。可从具体事件、人物精神、作者立场、作者的描写方法、关键词句的圈画等方面着手设计预习任务表，学生可以自主扩充填写表中的内容。课文预习表示例见表 2-1、表 2-2、表 2-3。

表 2-1　《喜看稻菽千重浪——记首届国家最高
科技奖获得者袁隆平》 预习表

具体事件	人物精神	作者立场
袁隆平天然种植杂交水稻杂种第一代，试种失败	以科学的态度面对失败	赞扬了袁隆平的实践精神
袁隆平寻找并发现天然雄性不育株	尊重权威但不迷信权威	赞扬了袁隆平的创新精神
袁隆平用事实反驳对杂交稻的贬斥	实事求是，尊重科学，平和大度	赞扬了袁隆平实事求是、捍卫真理的态度
袁隆平规划并选育超级杂交稻	勇于担当，不断进取	高度评价袁隆平的贡献

表 2-2　《心有一团火， 温暖众人心》 预习表

具体事件	人物精神	作者立场
张秉贵热心为顾客服务，急顾客所急	全神贯注，诚恳周到	赞扬了张秉贵全心全意为人民服务的精神
张秉贵利用下班后的时间钻研商品、熟悉业务	做事细致，主动耐心，把平凡的工作做到极致	赞扬了张秉贵扎根于平凡岗位的敬业精神

表 2-3　《“探界者”钟扬》 预习表

具体事件	人物精神	作者立场
钟扬从无线电专业转向用计算机技术研究植物学问题	外向热情，坚持自己的追求	赞扬了少年钟扬有主见、敢于追求梦想的精神
钟扬在西藏收集种子，努力为人类建一个来自“世界屋脊”的种子“宝库”	以国为先，忘我投入，扎根植物学研究	赞扬了钟扬作为植物学家的追求与献身精神

（续表）

具体事件	人物精神	作者立场
钟扬自愿、主动地普及科普知识	热心科普工作，不断前行	赞扬了钟扬作为科学家对待科普工作的一腔热忱
钟扬悉心培养学生	投身教育，敢于担当	赞扬了钟扬作为教育家的责任感与立德树人的品质
钟扬遭遇车祸去世，他有未完成的愿望	不懈奉献，思索生命的价值与意义	高度评价了钟扬的生命高度和广度，以及他甘当先锋者的精神

教学实施过程：

● 活动一：初识劳模、工匠精神

教师提出问题，让学生思考：在这几篇文章中，劳动的快乐是如何被体现的？

学生辨析它们的文体，明确《喜看稻菽千重浪——记首届国家最高科技奖获得者袁隆平》《心有一团火，温暖众人心》《"探界者"钟扬》是人物通讯，属于新闻类体裁，注重真实性。这类文章提取人物的典型事迹，通过对人物的言语、动作、心理等的描述阐释人物形象，学生能从中得出作者对该人物的思想情感。而《以工匠精神雕琢时代品质》是议论文，学生梳理作者的写作思路，提炼其观点。对于阅读重点，教师提醒学生要注意把握。

学生在课后自主完成四篇文章的梳理任务，在小组内交流，完善内容，确定小组选择的篇目。根据梳理的结果，学生对几篇文章进行比较阅读，品味它们的共同点与不同之处，自主设计完成讲解评分表。

学生在班级内展示自己小组设计的评分表，充分交流后，确定班级的统一评分表。

● 活动二：致敬劳模、工匠精神

教师请学生思考：如何评价劳模群体、先进人物所体现的工匠精神？

你对劳动有什么新的认识？

学生做好讲解文章的准备，交流、明确所要讲解的内容。教师建议学生可以引入学习专题一所介绍的课外诗歌，结合本单元四篇文章的学习，总结归纳自己对于劳动的认识。

各小组上台讲解，发言时长以 15 分钟左右为宜。每一篇讲解完毕后，教师进行答疑，时长为 5 分钟。

学生回顾本单元的四篇课文，结合之前梳理的预习表格内容，归纳出袁隆平、张秉贵、钟扬身上的工匠精神，总结由此得到的启发，以及自己是如何更新了对于劳动的认知。

教师请学生回顾自己在本次分组讲解活动中得到的收获，并补充总结自己对于敬业奉献、敢于创新、勇于开拓、精益求精的劳动精神的认识。

学习专题三：歌咏劳动

概述：本专题的学习有一项写作任务，是通过走访采访对象的工作单位，了解他人对采访对象的评价，观察劳动者的劳动环境，完成采访稿。随后，根据采访稿中所体现的劳动者之美，确立为该采访对象撰写人物通讯的主题与提纲。最后，小组合作完成人物通讯的撰写，在班级内交流，并汇编成集。写作人物通讯的选题可以是身边的人，也可以是名人。学生可以尝试从网络资讯中寻找可用的写作材料，加以筛选和整合，将其作为采访和走访的补充。

本专题的核心问题：

● 如何了解劳动者的工作情形？

● 如何展现劳动者的风采？

专题写作任务与情境：

我们身边有许多值得学习的平凡的劳动者，其中可能就有劳模和先进人物。本单元有三篇人物通讯，主人公分别是袁隆平、张秉贵和钟扬。我们不妨借鉴本单元文章的一些写作方法，也试着写一篇人物通讯，以凸显劳动者在当代的价值。

● 活动一：准备资料，做好采访准备

教师请学生思考本单元文章的作者是如何了解劳动者的工作情形的。学生回顾了本单元的学习内容，明确古诗中的劳动场景是诗人亲眼所见、亲身经历的，而三篇人物通讯的作者是通过采访本人与走访他人，即通过劳动者的口述与他人对劳动者的评价得知劳动者的工作表现的。

接下来，学生要确定人物通讯的写作对象。

如果将身边的人作为选题，就要先确定采访对象，列好采访问题提纲，注意学习采访礼仪（如应使用尊称"您"称呼采访对象），与接受采访者提前约好采访的时间和地点。学生事先要与采访对象沟通，营造出融洽的采访氛围，使得采访能够顺利进行。采访时，学生要注意观察采访对象的表情变化，注意其说话的语气等，以便灵活地调整问题，控制好采访的节奏，同时做好采访记录。

如果将名人作为选题，就要多从资料中获得相关信息，比如他人的评价、新闻报道、纪录片、传记类作品、名人本人的著述等。

获得充分的写作材料后，学生还要确定人物通讯的主题立意。通过回顾本单元的学习内容，概括出每篇文章的主题立意，可以为学生提供一些启发。学生发现，这些人物通讯都着力表现了人物形象，让读者感受到主人公身上所蕴含的精益求精、坚持不懈、吃苦耐劳、谨慎细心的工匠精神，从而受到劳动精神的感召。

"采访组"和"名人组"的学生就整理人物资料的心得进行了总结。"采访组"认为，要在文章中展现劳动者的价值，不仅可以通过采访劳动者本人、观察其劳动时的动作和神态来实现，还可以借由他人的评价，以及自己对于劳动者的认识来达成目标。"名人组"则主要是查阅相关资料、观看名人的纪录片，对大量信息进行整理归纳，并结合自己对劳动者的认知，在文章中展现劳动者的价值。

不同小组的学生交流过各自的经验后，根据大家归纳总结出的方法，小组成员协作完成人物采访或名人资料汇总。

● 活动二：讴歌劳动者的风采

学生思考如何展现身边劳动者的风采。通过回顾本单元的三篇人物通讯，学生尝试理解典型事例对于塑造人物品质的作用。以下角度可供选择：分析具体事例与人物品质之间的关系，比较、体会本单元的三篇文章在事件选择上的妙处，评析三篇选文中的典型事件对于塑造人物尊重劳动、热爱劳动的品质的作用，等等。

学生进一步细读本单元的三篇文章，分析作者的叙述视角，尝试发现文章选择其叙述视角的用意。比如，可以通过思维导图的方式展现作者的叙事视角。学生开展组内讨论，比较作者在体现主人公的劳动之美时采用的不同写作角度，总结出人物通讯的写作方法，明确可以运用细节描写展现劳动者富于社会责任感、爱岗敬业、忠于职守、热爱劳动的精神品质。鼓励多用口语，以通俗的语言让文章有较强的现场感，从而拉近读者与劳动者的距离。还可以借助他人对主人公的回忆与评价，并结合自己在采访过程中的感受，真实、充分地显现出身边的劳动者在当代的价值。

最后，学生各自完成人物通讯的写作。

【教学效果与影响】

本次劳动主题单元的学习内容和学习形式都十分丰富。在学习内容上，有年代久远的古诗，也有描绘不同时代、不同身份的先进人物、劳动模范的人物通讯，多样化的文学作品帮助学生认识到从古至今劳动对人具有深远意义。在学习形式上，有借语文基础知识、阅读能力获得的阅读体验，有在表达与交流中拓展的对劳动的认知，也有通过采访身边的家长、教师等劳动者而获得的对劳动的真实感悟，还有从收集的劳动模范事迹中体会到的劳动精神。

本次劳动主题单元的学习收到了良好的教学效果，表现在学生形成了劳动是否快乐的基本认知。单元开始时，教师提的引入问题就是关于学生对劳动的认识，而最后又回到该问题。起初，大部分学生的答案聚焦于劳动的主动与被动、有无意义、是否有收获等，以简单的两分法来看待劳动。而经过单元学习的体验后，学生觉得自己在形式多样的学习中虽然花了不少力气，但是有了很多收获，自己也很开心。于是，学生发现主动或被动、有意义或无意义、快乐与否是由主观意识决定的，它们的关系并不是矛盾对立的，而是可以互相转换的。只要自己的主观意识转变，就会发现劳动必然会有收获，也会是快乐的。这就让学生对劳动的认知真正地发生了转变，影响了学生的劳动态度。哪怕有时候是被安排去劳动，学生也会越来越主动，逐渐转变为自己去找活儿干。

本次劳动主题单元学习的教学效果还体现在学生体悟到不同的劳动模范、先进人物的工匠精神、劳动精神，以及这些精神对于社会的重要意义。不同时代、不同身份的劳动者是美丽的、高尚的。他们的美丽、高尚就在于热爱劳动、热爱专业、境界高远，不断地自我超越。学生学习这些优秀代表人物的精神品质，感受时代精神的彰显，认识到要倡导发扬工匠精神，以此推动社会进步，"雕琢时代品质"。

同时，再结合对身边的劳动者的采访，学生进一步明确了人们劳动的内容虽各有不同，但只要为社会作出贡献，就能实现自己的劳动价值，就都是有意义的劳动。

（案例提供者：曹韵）

2. 英语课程

在高中英语教学中渗透劳动教育

劳动教育是中国特色社会主义教育制度的重要内容，它关系到社会主义建设者和接班人的劳动技能水平、劳动精神面貌和劳动价值取向。在中共中央、国务院印发《关于全面加强新时代大中小学劳动教育的意见》（以下简称《意见》）的时代背景下，高中英语教学也要始终融入劳动教育内容，让学生成为劳动教育的受益者，自觉成为劳动精神的弘扬者，努力成长为德智体美劳全面发展的社会主义建设者和接班人。

如今的许多学生，尤其是高中学生，对于劳动的认识和实践是远远不足的。从指导性的《意见》和高中英语课程标准中，我们不难发现在培养新时代社会主义建设者和接班人时，成绩绝不是唯一的衡量标准，我们希望能培养出德智体美劳全面发展的人才。因此，在"双新"教育改革时代背景之下，新时代的高中英语教师要思考如何将劳动教育渗透进高中英语教学，让学生在学习英语的过程中既能提高自身的英语综合能力，又能形成正确的劳动态度和劳动价值观，增强学校劳动教育的成效。

以上海版高中英语必修第一册第四单元"我的空间"（My space）为例，这一单元围绕学生与居住空间的主题展开，通过阅读互动（Reading and interaction）、语法活动（Grammar activity）、听力与口语（Listening and speaking）、写作（Writing）、文化焦点（Cultural focus）等五个板块进行英语教学。教师在设计这个单元的教学时，除了考虑到学生对于英语知识的学习，还有意识地把劳动教育的相关内容渗透其中。比如，树立正确看待劳动的态度，具备帮助父母分担劳动的意识，掌握正确使用现代劳动工具的方法，理解、关心父母和社会上的其他劳动者，等等。

【教学目标】

阅读互动部分的教学目标是学生能够抓住文章"The 1940s house"（20 世纪 40 年代的房子）的语篇大意，获取海莫斯（Hymers）一家体验 20 世纪 40 年代生活的主要信息，基于文章内容进行推断、比较，概括过去和现在的生活在家务劳动、饮食、个人安全等方面的不同，并在学习过程中通过学习海莫斯一家相互帮助、相互分担家务的做法，学着在家中分担家务，在学校里和班级同学相互帮助，共同完成班级的各项劳动任务。

听力与口语部分的教学目标是学生听某位专家老师在广播节目中交流的内容——在家庭中共享空间、共担家庭责任，能根据全文大意，了解事实和专家老师的意见，并能选择恰当的词汇和语法结构进行书面表达和口语交流。与此同时，让学生树立与家庭成员共同承担家务的意识。

文化焦点部分的教学目标是学生能理解关于英国历史性建筑海克利尔城堡（Highclere Castle）的语篇所陈述的社会文化现象，并能在观看相关视频的过程中注意到图片、动画等画面传递的信息。与此同时，希望学生能通过比较今昔劳动态度而形成正确的劳动观。

【教学实施】

在阅读互动部分的教学中，学生先回忆家中有哪些现代家用电器，并观察图片，猜测 20 世纪 40 年代的家中会有哪些电器。教师借助简短的视频，让学生简要了解 20 世纪 40 年代的普通家庭在饮食、安全、家务、家庭关系等方面与现今的不同，并通过一系列教学活动让学生获取语篇的大意和一些关键要素信息。随后，教师提出问题："How did the Hymers family deal with the domestic chores in the 1940s?"（在 20 世纪 40 年代，海莫斯一家是如何处理家务事的？）引导学生发现主人公海莫斯一家如何安排家务。接着，教师又提出问题："Do you helpfully share the domestic chores with your parents and other family members? Why or why not?"（你是否乐于与父母或其他家庭成员分担家务？为什么愿意分担或者为什么不愿分担？）引导学生反思并自查自己对待家务劳动的态度。最后，让学生分小组讨论，思考自己作为一名现代的高一学生应该如何对待家务劳动，并列出自己能够帮助父母完成的家务。

在以 "Whose house is it anyway?"（这到底是谁的房子？）为主题的听力与口语部分的教学中，教师先以问题 "Do you share domestic chores with your family members at home? Why or why not?"（在家里你会和家人分担家务吗？为什么或者为什么不呢？）引入，让学生回忆自己平时做家务劳动的频率和具体做法。在听广播听力材料之前，教师与学生一起分析现有的听力配套练习题，猜测题目中几个数据的含义。在学生听完广播材料音频，获取听力材料信息并完成填空练习题之后，教师再带领学生回顾听力材料中的几个数据，与之前的猜测对照。通过对于数据含义的解读，教师引导学生得出结论：如今的高中学生在家庭劳动中付出的时间和贡献是不足的。教师提出问题："Are the children lazy or just too busy?"（孩子们是懒惰还是太忙了？）"Should parents ask the children to do more homework?"（父母应该要求孩子做更多的家庭作业吗？）引导学生反思自己较少承担甚至不承担家务劳动的原因。最终，教师指导学生结合自身实际制定各自的 "the house rules"（家规），通过树立规则意识引导学生形成正确的劳动观。

【教学评价】

课堂评价是课堂教学活动不可或缺的一部分，它能激励学生主动学习，鼓励学生不断进步，有助于培养学生的各种技能，提升学生的学习能力，是课堂教学活动中的重要环节。

参与学生评价的主体是多元的。课堂评价按照评价主体的不同，可以分为学生自评、同伴互评、教师评价。归根结底，同伴的互评、教师的评价都属于"外部评价"。如果被评价者本人无法接受这些"外部评价"，那么即使这些"外部评价"既正确又实用，对于被评价者而言，也毫无意义。只有当"外部评价"真正地被学生接受、认同，并能引起其反思，这些"外部评价"才能转化为学生的"内部评价"，也即内在的自我评价。此时，评价促进学生自我调整与改善学习的正向影响才真正地得到体现。在本课程教学中，当学生评价英语学习并反思自身的劳动观念时，教师主要采取了学生自我评价的方式。

在阅读互动部分的教学中，教师教育引导青少年树立以辛勤劳动为荣、以好逸恶劳为耻的劳动观，让学生通过具体的自查表来检查自己平时的劳动行为是否恰当，从而引导学生正确对待家庭劳动、学校劳动和社会劳动，逐步养成积极的劳动习惯。

在听力与口语部分的教学中，教师引导学生反思自己在家庭劳动中付出的时间、作出的贡献，帮助学生养成积极参与家庭劳动的态度。

【教学效果与影响】

《意见》指出，新时代培养社会主义建设者和接班人要求加强劳动教育。近年来一些青少年中出现了不珍惜劳动成果、不想劳动、不会劳动的现象，劳动的独特育人价值在一定程度上被忽视。对此，全党全社会高度重视，采取有效措施切实加强劳动教育。劳动教育贯通大中小学各学段，纳入人才培养全过程，贯穿家庭、学校、社会各方面。《意见》还指出，劳动教育要与德育、智育、体育、美育相融合，要紧密结合经济社会发展变化和学生生活实际，积极探索具有中国特色的劳动教育模式，创新体制机制，注重教育实效，实现知行合一，促进学生形成正确的世界观、人生观、价值观。

上教版高一英语必修第一册第四单元的教学从听、说、读、看、写五个维度提升学生的英语语言运用能力。比如，获取语篇主要信息并进行推断、比较、分析、概括，识别语篇陈述的社会文化现象，分析语篇的文体特征和衔接手段，选择适当的词汇和语法结构来表达思想观点，等等。与此同时，在教学中遵循劳动教育实践的五项基本原则——把握育人导向、遵循教育规律、体现时代特征、强化综合实施、坚持因地制宜，围绕学生核心素养，促进学生全面发展。学生在课程学习中养成热爱劳动的习惯，把握衣食住行等日常生活中劳动实践的机会，自觉参与力所能及的家务劳动，掌握基本的生活技能，形成正确的劳动观。

（案例提供者：郭佳玮）

3. 劳动教育课程

创新劳动，从身边做起

暑假中，学校开展了劳动实践活动。从学生的活动内容来看，有些六年级的学生还停留在叠被子、擦桌子的阶段，而有的同年级学生已经能够自己烧菜、烧饭，学生的劳动技能水平存在这样的差距，不免令人担忧。现在的孩子是父母、家中老人的"心头肉"，真是捧在手里怕摔了，含在嘴里怕化了，结果是孩子力所能及的很多劳动都被家人"代劳"了。久而久之，孩子失去了很多动手劳动的机会，因而体会不到劳动的辛苦，也体验不到劳动带来的成就感和快乐感。在学校，有些学生的桌肚十分脏乱，有些学生的桌椅下都是垃圾，有些学生连扫地的动作都很生疏，这说明开展劳动教育刻不容缓。希望学生能通过丰富的劳动教育内容，树立正确劳动观念，懂得不仅要勤奋学习，还要自觉劳动、勇于创造，切实提升劳动素养，在劳动中培养创新意识，养成良好的劳动习惯和积极的劳动态度，为终身发展和人生幸福奠定基础。

【教学目标】

● 理解劳动的意义，领会劳动的重要性。

● 体会劳动中的快乐，从小养成爱劳动的习惯。

● 掌握一定的劳动知识与技术，培养努力学习、敢于创新的精神。

【课前准备】

教师要求学生回家学烧一道家常菜，并思考学烧菜时遇到的困难或问题。

【教学设计】

教师以大型餐饮服务企业创始人小时候的劳动故事导入，请学生思考他为什么能建立自己的事业。学生认为，他成功的秘诀在于做事情非常认真和踏实。只有认真踏实地干好每一件小事，才能做大事，就像他从小不断地练习擦桌子，还能动脑筋创新出与别人不一样的擦桌子方式，遇到困难也不放弃。教师总结，他从小就劳动，在劳动中不断领悟、学习，将体力与创新相结合，最后通过劳动创造了美好生活，从而提出体力劳动与脑力劳动都属于劳动，劳动能带来美好生活。

教师揭示课题"创新劳动，从身边做起"的设计意图，就是在于引导学生静下心来聆听故事，从故事中发现劳动能够带来美好生活。同时，让学生认识到劳动并不是一件死板的事，如果学会创新，就能把劳动的作用发挥到极致。教师由此引出教育主题：在生活中，我们要热爱劳动，不要把劳动当成一桩苦差事。动动脑筋，创新劳动方式，会带来收获。

接下来，教师回顾此次劳动实践活动，展示学生的作品，请学生分享体会。教师先是肯定了很多学生在参与的劳动中能做出色香味俱全的美食，播放他们记录美食制作过程的视频作品，请学生一起来欣赏、学习。

教师提问：在制作美食的整个过程中，大家有没有遇到过困难？后来是怎么靠自己解决的？如果没有遇到困难，那么是如何做到的？家人是如何评价的？大家的感受又是怎样的？学生很有感触，纷纷发言。比如，制作美食过程中的困难在于切菜切不均匀；调味上把握得不好；翻炒菜时不熟练，动作不流畅，有时会把菜翻出锅或是自己被油溅到；等等。解决办法有：烧菜时戴上手套就可以防止自己被油溅到；翻炒菜时一手拿锅铲，另一只手就可以拿筷子或勺子辅助翻炒；等等。体会包括：自己多做做就有了经验，吃自己做的菜，觉得特别好吃；自己学着制作美食，被家长表扬，心里就像喝了蜜一样甜；等等。

教师的设计意图是引导学生分享交流自己怎样解决遇到的困难。学生通过不断练习，或是根据自己想出的好点子，顺利地完成一道美食的制作并得到家人的表扬与肯定，情不自禁地想和大家分享心中的喜悦。由此，学生感受到劳动能够带来成功的喜悦、被赞扬的自豪与快乐，这促使学生坚定了想要学习、想要尝试、想要劳动的决心。

学生的劳动热情高涨，在这样的氛围下，教师顺理成章地请学生观察一下自己身处的教室，说一说可以通过改变哪些地方让教室变得更美好。学生仔细观察，找出班级教室里不够整洁的地方：图书角书架上的书总是摆得高低不齐，摆放水杯的地方水杯排得不够整齐，黑板有时候擦得不太干净，等等。教师请学生思考让教室焕然一新的好点子，分小组讨论并记下好办法，再动手做一做，改善班级的学习环境。

教师以一名善于劳动的学生为例，表扬这名学生做值日生时擦黑板总是擦得又快又干净，请他分享自己的心得，听听他的好办法。学生是先用黑板擦把粉笔字擦掉，接下来用湿抹布擦黑板的时候就能防止擦花，而由于粉笔的粉末会留在黑板擦上，每擦一会儿他就会把黑板擦上的粉末抖落到垃圾桶里，再接着擦。擦干净后，再用湿抹布顺着一个方向把黑板擦干净，清洗抹布，等黑板基本干了，再用湿抹布擦拭一遍。这样，黑板就干净了。教师表扬这名学生会动脑筋、会劳动，让大家向他学习，让班级越来越好。

【教学反思】

通过课堂上的生生互动，学生探讨了劳动能够带来的快乐，懂得了在劳动中创新能给生活带来便捷，学会钻研一些劳动新技能，发挥劳动创新意识，用劳动改善生活。学生自觉地从身边的一些小事做起，养成良好的劳动习惯，培育良好的劳动品质，乐于在创新中劳动。

第二节 ←——•

让"节文化"成为劳动教育的活动场

　　教育是通过活动来进行的，教育的奥秘蕴含在情感之中，而一个活动就是一个"情感世界"。教育没有情感，就像池塘没有水一样，难以奏效。学校在开展丰富多彩的主题活动时，将劳动教育融入其中，能够进一步激发学生对于劳动的兴趣和热情，这类劳动主题活动便是劳动教育的有效拓展形式。学生在精彩的活动中体验劳动者的角色，树立正确的劳动价值观。校内劳动主题活动相较于抽象的劳动理论教育，更具参与性和体验性，能促使学生将劳动知识与劳动实践相融合，学以致用，知行合一。学校定期举办一些特色节日活动，如科技节、心理健康节、英语节、艺术节、爱心节等，深受学生喜爱。学校利用其特色"节文化"，引导学生在日常生活劳动、生产劳动、社会服务等方面开展劳动实践，形成"知—行—思"一致的自我认知，达成劳动能力、劳动习惯和品质等的提升。

一、校园劳动实践的主题活动

　　激发学生劳动兴趣和热情的有效方式之一就是举办多种多样的校园活动。相较于劳动理论教育，校内活动具有良好的参与性和体验性，是对劳动教育必修课的重要补充和延展。在学校的日常教育教学中，劳动教育与学生的校园活动紧密结合。学校在开展劳动教育时，倡导学生从校园的卫生清洁开始，从家庭中简单的家务劳动开始，从校外志愿者服务开始，起步于这些生活中最细微的劳动，开展一系列学生活动，从而夯实学生的劳动教育。

（一）卫生保洁系列活动

学期伊始，配合"爱我校园，爱我班级"的主题，学校的学生发展部细化了日常班级卫生清扫规范，针对学生每天在早自修前、午自修前、放学后的三次班级卫生打扫确定了明确的标准与要求，并在班主任会议上与各班的班主任商议，决定在班级卫生打扫上，班主任要从指导到检查，再到放手，逐渐让学生养成自主自发打扫班级的习惯。

同时，利用班会课、队会课时间，每月一次组织开展"爱我校园"卫生保洁活动。活动包括学校校园卫生检查与清扫、校园垃圾分类检查、校园绿化整理等工作，采取班级学生轮岗制，让学生都能加入校园清洁美化工作，共创干净、令人心情舒畅的学习环境。

（二）主题班会教育活动

学校的学生发展部开展了"最美是劳动"——"尽责"主题班会评比活动。通过此次班会帮助青少年认识劳动的形式、价值与意义，引导学生尊重劳动，主动劳动，提升学生的尽责意识，培养学生的责任感。

主题班会课上，各班根据实际情况，结合校园劳动生活、家庭日常劳动、劳动体验分享、劳动模范学习活动、劳动精神感悟交流等方面，通过现场演讲、诗歌朗诵、歌曲演唱、视频欣赏等方式让学生进一步认识到劳动对于个人成长的重要性。在日常生活学习中，让学生养成优良的劳动习惯，并且引导学生热爱劳动、珍惜劳动成果，并逐渐将其内化为自觉行动与个人素养。

（三）校园劳动者体验活动

为开阔学生的眼界，鼓励学生进行职业体验，学校的学生发展部组织开展了"在小小校园体验大大社会"校园职业体验活动，提供"副班主任""食堂分餐员""图书馆馆长""安全巡逻员""一节课老师"等校园岗位供学生自主选择体验。这样的职业体验活动为学生创设了真实的职业情境，学生在活动中获得的直观真实的体验非常符合中小学生的认知特点。学生在职业体验活动中培养了实践能力和创新精神，逐步树立起正确的职业观、劳动观和人生观。

与此同时，学校还开展了"追寻一件劳动工具，体验一种劳动技能"系列主题活动。社会发展日新月异，劳动工具和劳动技能也在不断地更新换代。很多老辈常用的劳动工具、熟练掌握的劳动技能，到现在已经退出了历史舞台，只存留在人们的回忆中。然而，它们深具纪念意义，反映着一个时代的发展水平。让学生去寻找、回忆那些劳动工具，体验那些劳动技能，是让学生去追忆那些曾经必不可少的劳动工具、工种，以及它们背后蕴含的劳动故事，以此致敬各行各业的劳动者。学生通过文本、微视频、照片、海报等多种多样的形式，展现自己与这些记忆中的劳动历史的相遇。学校选出其中具代表性的作品，在学校宣传栏和微信公众号上进行展示。

二、校园"节文化"特色活动

（一）"节文化"活动方案设计

科技节、心理健康节、英语节、艺术节和爱心节（义卖活动）是学校传统的特色学生活动项目。劳动教育的概念同样融入了这些学校特色活动项目中，"节文化"活动融合劳动教育一览表如表2-4所示。

表2-4　"节文化"活动融合劳动教育一览表

节文化	活动形式	活动意义
科技节	"船模我制作" "机器人我设计" "榫卯拼接"互动体验	在制作船模的过程中，感受工匠的专注、认真、踏实，体会工匠精神。 在设计机器人的过程中，感受科技创新赋予劳动的新的内涵。 在"榫卯拼接"互动体验中，对榫卯结构的精妙有所了解，体悟中国古代工匠的智慧，由衷地尊重劳动、尊重劳动者，愿将工匠精神发扬光大。
心理健康节	"跟着爸妈去上班"	在跟着爸妈上班的一天时间里，体会父母劳动的辛苦，感受父母的坚韧，学习父母认真负责、吃苦耐劳的优秀品质，使学生的内心强大。
英语节	英语演讲	讲述世界上出色劳动者的故事，让劳动者的故事深入人心，使学生对于劳动者的敬佩根植于其内心。
艺术节	"我型我秀"	制作环保服装，制作汉服。穿上亲手制作的服装进行走秀表演，让学生收获劳动的成就感和光荣感。
爱心节（义卖活动）	爱心义卖直播	通过扮演带货主播、供应商、快递小哥、爱心驿站管理员等角色，感受劳动的不同环节，体会劳动的价值与意义。

（二）爱心节（义卖活动）活动方案

爱心传递，温暖你我

为了丰富校园生活，构建文明、和谐、温馨的校园文化氛围，培育学生乐于助人、甘于奉献的优良品质，主动践行社会主义核心价值观，学校以"爱心传递，温暖你我"为主题，举办学校爱心节（义卖活动）。

【活动准备】

各班级根据实际情况和班级特色选定义卖品类主题，如科创小制作、特色文创产品、科幻类书籍、动漫系列玩偶等，提前动员学生准备好参加义卖的物品。

班主任要求班干部统筹安排，合理分配任务，让每个学生都能参与义卖活动的准备工作中。参加义卖的物品都须保证质量合格、使用安全、清洁卫生等，且须等班主任检验后才能进行义卖。

学生在义卖物品电子表格中明码标价，提供物品的名称、单价、数量、发货人、收货人等信息，方便物品在线上流通。

义卖活动分工明确。六至八年级每班推选出一名义卖代言人，推荐一件义卖主推物品。义卖代言人需要准备好时长为一分钟的推荐物品介绍，并提供与之相配合的一页PPT。推荐物品介绍发言稿和PPT事先提交给学生发展部审核，审核通过后，义卖代言人才能于活动当日进入爱心义卖直播间直播带货，进行校内义卖。以班级为单位，进行班级内的义卖时，每班须有专人负责提供义卖物品电子表格。每班推荐两名义卖"爱心驿站"管理员，他们负责在电子表格里记录收货人、物品名称、物品数量等信息，后续还要负责收取义卖款。每班推荐两名"校园快递小哥"，负责运送本班级的义卖物品。

各班的班主任对学生进行行为规范教育，介绍"文明义卖"，普及相关知识，要求学生在活动中做到有序、守纪、文明、卫生。

各班级安排专人拍摄活动照片，准备作为班级资料存档。

【活动流程】

在预定的时间，各班级的义卖代言人进入直播间，宣传主推的义卖物品。其他学生收看线上直播视频，并在义卖物品电子表格中勾选自己感兴趣的物品。

爱心节义卖直播活动结束后，各班级将学生已勾选的义卖物品电子表格发送至指定邮箱，以便统计活动数据。各班级制作义卖物品标签，内容为物品名称、价格、数量、发货人、收货人等。

随后，各班级将已售出的义卖物品贴好标签，放入指定的货柜，由"校园快递小哥"负责运送到"爱心驿站"，由"爱心驿站管理员"负责签收。

爱心节义卖活动结束后，"爱心驿站管理员"收取义卖物品货款，并统计、清点义卖所得。各班班长将义卖所得钱款用信封装好，与活动中用到的统一的背心、帽子、道具等一起交回学校学生发展部。

（三）校园艺术节活动方案

扬中华文化之大美，展和谐校园之风采

为丰富艺术教育内涵，构建和谐、文明、快乐的校园文化氛围，培育学生的文艺修养，提升学生的人文品格，树立学生的创新精神，提升学生的动手能力，让中华优秀传统文化伴随学生，让学生健康快乐地成长，学校决定举办以"扬中华文化之大美，展和谐校园之风采"为主题的校园艺术节。

【活动安排】

学校组织一系列校园文化大赛，各部门积极参与，分头筹办。筹备工作由组委会负责，比赛工作由工会、政教处、教工团支部、学生团支部、少先队大队部共同负责。各班级组织学生积极参赛，各教研组组织教师积极参与筹备并做好评委工作，各工会小组积极组织教师排练节目。

举办六年级"我爱我家，传承美德"儿童图文创作大赛，由学校宣传部承办。要求参赛图稿以四格图画的形式，围绕"我爱我家，传承美德"的主题开展创作。四格图画要展现一个完整的故事，每格图画的背

面要附有文字说明（不超过20字）。每班上交一份作品。

举办六年级"弘扬中华文化，争当美德少年"朗诵比赛，由学校体育部承办。要求朗诵的内容能反映主题，学生诵读经典名著，感悟传统经典，弘扬中华文化，争当美德少年。各班推选5名以上学生，组队参加年级组的朗诵比赛，朗诵限时5分钟。表演形式多样，可以辅以音乐、舞蹈等艺术形式，以朗诵为主。

举办七年级"美丽中国梦，环保我先行"环保服装秀设计比赛，由学校组织部承办。要求为围绕环保、青春、创新、爱心四大主题，让学生充分发挥想象力，利用废旧材料设计服装，可使用道具来搭配服装。每套服装作品或是每个系列的作品需要配以时长为1分钟的解说词。服装秀的模特儿、背景音乐由参赛选手自备。表演时间限时6分钟。

举办七年级"我的青春，我的梦"原创手绘图书展示大赛，由学校秘书处承办。要求为围绕未来、青春、梦想等主题，让学生充分发挥想象力和创造力，运用绘图、文字等手段，自制手绘图书。

举办八年级"舞动青春，魅力校园"健美操大赛，由学校文艺部承办。要求为健美操动作整齐、节奏感强、青春健康，每班出一支5人以上的队伍参加比赛，鼓励男生参与比赛。参赛队伍自备伴奏带，表演时间限时5分钟。

举办九年级"唱响青春，放飞梦想"歌唱大赛，由学校秘书处承办。要求为表演形式多样，内容紧扣主题，限时5分钟，道具、伴奏带由参赛选手自备。

举办七、八年级"我的青春，我做主"手绘T恤大赛，由学校文艺部承办。要求为手绘的图案内容阳光、积极、健康、向上。由学校统一提供T恤和颜料。七、八年级每班上交一件作品。

举办六至九年级"扬中华文化之大美，展和谐校园之风采"校园艺术节海报设计大赛，由学校劳动部承办。要求为设计手绘版海报，内容要契合主题，具有宣传力度。每班上交一份海报作品，规格为 A2 纸大小。

举办六至九年级生肖邮票设计大赛，由学校学习部承办。要求为围绕生肖动物创作邮票，反映我国传统的生肖文化，吸收中国传统文化元素并注入时代气息，突出生肖文化的内涵和魅力。图幅规格为 A4 纸大小，设计要具备邮票的基本元素。

主办部门根据各班级的组织情况和获奖情况评选出若干"优秀组织奖"和"组织奖"，在闭幕式上为获奖集体和个人颁奖。

【时间安排】

学校用 1 周的时间开展组织、筹备、动员工作。

在某天的升旗仪式上举行校园艺术节开幕式。

专场比赛时间持续一个半月。

学校用 2 周的时间进行闭幕式筹备工作。

学校举行校园艺术节闭幕式。

（四）心理健康节活动方案

感悟青春，走向未来

心理健康教育活动月是校园心理健康节的活动，主题为"感悟青春，走向未来"。从知识层面上来说，此次活动的目的是让全校师生更加了解青春期的生理、心理特点，知道青春期常见的心理困惑有哪些，并且让学生学会自助和求助；从情感层面上来说，此次活动的目的是让学生感受青春的美好，分享青春的快乐，从而形成积极乐观的心态。此次心理健康教育活动还与劳动教育相融合，让学生走近劳动者，在劳动实践中健全心理品质，让青春在劳动中闪光，树立正确的劳动价值观，走向美好的未来。

【活动内容】

在心理健康教育活动月中，学校举办青春期专题讲座，以线上讲座结合线下活动的方式，帮助全体学生规划人生，以积极向上的心态走向未来。学校面向全体家长举办线上讲座，帮助家长当好"阳光家长"，为孩子的未来护航。

学校面向全体九年级学生进行团体辅导，让学生感悟青春，鼓励他们"扬帆起航"。

学校在全体学生中开展"感悟青春，走向未来"心理漫画比赛，举行主题班会进行展示。

学校举行"我的未来我做主"征文比赛。学生可以根据自己在心理健康教育活动月中的所见所悟，并结合日常的学习、生活撰写文章，要求字数在800字以上。每班报送一至两篇文章。

学校还融合劳动教育，开展特殊的职业体验活动——"跟着爸妈去上班"，要求学生选择双休日或是工作日的放学后时段，到爸妈上班的地方体验他们的日常工作。孩子在父母带领下走进超市、厨房、办公室、制造车间等工作场所。学生可以尝试协助爸妈的日常工作；如果不太方便，学生可以在征得同意后，观察工作场所中其他人的工作情况。学生以特殊的劳动者身份感悟每一份工作的不易，在学习基本的工作技能的同时培养吃苦耐劳的劳动精神，体悟生命的价值和劳动创造的价值。学生根据自己的所思所感拍摄完成视频博客。每班优选提交两件作品，参加校级评选。

第三节 ⟵———•

让校园管理成为劳动教育的实践场

　　学校在劳动教育中开展校园岗位体验活动，对于学生正确三观的形成是有积极作用的。学校在青少年阶段这一人生的"拔节孕穗"期开展劳动教育，能够提升学生的受挫能力、抗压能力和意志力，也能为将来学生的个人发展奠基。同时，劳动教育对于学生深入认识学校这个"小社会"也有很大的帮助，特别是服务性劳动，可以帮助学生拓宽视野，扩大他们的生活圈和交际圈。学生从熟悉自己在其中学习、生活的"小社会"开始，长大后能更加深入地了解社会。对于中学生来说，培养良好的团队合作能力和服务奉献精神意义重大。学生踏上社会，开始工作后，自身的各项劳动素养无时无刻不在接受各种考验。在校期间，学生参加集体劳动教育实践活动，有助于培养团队协作、认真负责、精益求精、不断创新的劳动精神。学生能够在校园岗位体验活动中提升运用相关的劳动知识与技能服务他人、学校的基本能力，他们经历了服务性劳动的付出过程，更能理解个体劳动与学校发展、他人感受之间的直接关系，形成以劳动关心他人、服务他人的公共服务意识与社会责任感，体认参与学校建设的自豪感与幸福感。这是学生为未来踏入社会做准备的重要实践机会。

一、在校园管理中开展劳动教育

　　为进一步贯彻落实《关于全面加强新时代大中小学劳动教育的意见》

《大中小学劳动教育指导纲要（试行）》《中小学德育工作指南》等文件精神，学校认真贯彻执行《上海市初中学生综合素质评价实施办法》《上海市初中学生社会实践管理工作实施办法》，以学生自主管理委员会为立足点，以学校劳动教育实践基地为平台，分年级设置不同劳动岗位、服务岗位和管理岗位，在学校内模拟建立"小社会"，让学生在劳动中与社会建立联系，提供了学生由自然人向社会人转变的重要途径，帮助学生实现社会化过程。

（一）劳动项目的具体安排

学校学习习近平总书记在全国劳动模范和先进工作者表彰大会上的重要讲话精神以及关于劳动的重要论述，坚持"劳动教育团队伴随学生成长，劳动教育围绕主题开展，劳动教育主题每学年更新"的理念，结合中学生综合素质评价目标与任务，根据学校的实际情况，积极构建"七彩劳动教育成长伴随系统"，盘活校园劳动教育资源，从班级管理、校园服务和岗位体验三个层面，为学生提供全员参与、全方位的体验式劳动。

学校每学期开展 20 课时的校内公益劳动，根据学生在不同劳动岗位上的实践情况，为学生安排相应的课时，确保每名初中学生至少有 3 个劳动岗位的实践经历。学校"七彩劳动教育成长伴随系统"劳动项目安排如表 2-5 所示。

表 2-5　"七彩劳动教育成长伴随系统" 劳动项目安排

劳动项目	岗位名称	劳动岗位类别	负责人员/部门
"中国红"劳动岗位	班级 "红十字卫生员"	岗位体验	班主任
	校门口礼仪执勤 "礼仪执勤队员"	校园服务	德育处

（续表）

劳动项目	岗位名称	劳动岗位类别	负责人员/部门
"个性橙"劳动岗位	班级"温馨教室设计师"	岗位体验	班主任
	班级"个性化班牌设计师"	岗位体验	班主任
"勤俭金"劳动岗位	班级"财产保管员"	班级管理	班主任
	学校午餐管理"'光盘行动'管理员"	校园服务	德育处
"环保绿"劳动岗位	班级"环境保洁员"	岗位体验	班主任
	学校执勤周"垃圾分类管理员"	校园服务	班主任
"酸甜青"劳动岗位	班级"温馨角管理员"	班级管理	班主任
	学校迷你劳动教育实践基地劳动"开心'小农民'"	岗位体验	德育处
"智慧蓝"劳动岗位	学校劳动教育项目"文化墙彩绘师"	岗位体验	德育处
	学校图书馆"智慧管理员"	岗位体验	德育处
"博雅紫"劳动岗位	学校广播台"小百灵主播"	岗位体验	德育处
	学校电台"'小眼睛看大世界'工作人员"	岗位体验	德育处

（二）劳动项目的评价方案

1. 实行劳动素养积分评价

劳动教育积分评价需要综合学生的自评、同伴的互评和教师的评价。在同伴互评的基础上，学期末由班主任综合学生参加校内外劳动教育实践的情况，给出每名学生的劳动素养评价分，计入学生综合素质评价。

2. 开展"劳动之星"评选

学期末，经过评选，各班授予在劳动教育实践中表现突出的学生"劳动小达人"称号。学校对于在年度劳动教育实践中表现突出的学生，授予学校"劳动之星"荣誉称号并给予表彰。"劳动小达人""劳动之星"的遴选，营造了鼓励学生热爱劳动、维护班级荣誉和学校荣誉的氛围。这样，每名学生都会积极参与劳动。从对劳动的热爱到对荣誉的守护，这是一种思想上的升华，使得劳动教育卓有成效。

学校还适时开展了"居家劳动之星"评选活动，充分发掘学生的优秀品格，发挥评选活动的激励作用，引导学生树立远大的志向，热爱祖国、热爱劳动，在自立自强中自觉践行社会主义核心价值观，发扬传统美德，主动建立积极向上的生活态度。评选活动采用的方式是先发布评选方案，每班推选一名参选学生，参选学生制作2分钟左右时长的事迹视频，在校会课上宣传，最后评出"居家劳动之星"。此次活动评选出的"居家劳动之星"尊重劳动，树立了"劳动最光荣"的观念，具有正确的劳动价值观和积极的劳动态度，拥有良好的劳动习惯，在日常家庭生活中能够积极分担家务，自己的事情能够自己解决，热心于劳动实践活动。在居家网课期间能自觉开展居家消毒、学做营养餐等活动。评选活动重点突出学生的主体地位，指导学生立足实际，寻找身边同龄人的劳动事迹，让同龄人的劳动教育实践典型事迹发挥榜样示范作用，从而触动学生的内心，让学生在真情实感中激发起向榜样学习的内在动力。

3. 保障机制

劳动教育实践活动由学校学生发展部、团总支和大队部统筹规划。必须将学生安全作为开展活动需要考虑的首要因素。活动前，各部门需要制定安全预案，并明确开展社会实践活动的时间、地点、项目内容、组织形式，以及活动评价方式。同时，各部门需要做好家、校、社沟通，梳理、盘活劳动教育实践资源，有效地利用社区资源、社会资源，邀请校外专业人士、大中学生志愿者等为学生开展社会实践、进行探究学习提供有效的支持。

二、校园劳动观念的培养与实施

（一）以多元系列活动培养正确劳动观

劳动教育在培养全面发展的人的过程中发挥着重要作用。劳动教育是国民教育体系的重要内容，是学生成长的必要途径，具有树德、增智、强体、育美的综合育人价值。教育部发布的《中小学德育工作指南》提出初中学段"要让学生养成热爱劳动、自主自立、意志坚强的生活态度"，高中学段要教育和引导学生"学会正确选择人生发展道路的相关知识，具备自主、自立、自强的态度和能力，初步形成正确的世界观、人生观和价值观"。劳动教育是落实立德树人根本任务，开展德育工作的重要内容。习近平总书记重视劳动和劳动教育，强调劳动是推动人类社会进步的根本力量。"劳动是财富的源泉，也是幸福的源泉。""以劳动托起中国梦。""幸福都是奋斗出来的。"万丈高楼不会凭空而起，"九层之台，起于累土"。要做实干家，就要踏踏实实地努力，因而学校要通过实践开展劳动教育，在系统的文化知识学习之外，让学生动手实践、出力流汗，接受锻炼、磨炼意志，培养学生的正确劳动价值观和良好劳动品质。学生手脑并用，亲历劳动过程，提升了育人实效性。

学校历史悠久而又生机勃勃，长久以来，一直秉持"求真返璞，乐业齐贤"的办学理念。学校以全面育人为目的，将劳动教育放在重要位置。学校要让学生充分理解劳动教育的内涵，积极参加劳动。学校需要紧密联系社会实际，融入社会性教育元素，善用各种优质资源，让学生体会劳动带来的幸福感。学生应"从做中学"。我们应该让学生先去"做"，自主地进行劳动实践，在充分的实践之后，再带着兴趣去"学"。这种教育模式的优势在于可以使学生在习得劳动技能的同时进行深入的思考，锻炼他们的探究能力。

为了在实践活动中教育学生，学校综合"活教育"思想，制订了"幸福都是奋斗出来的——以多元系列活动培养学生的正确劳动观"劳动教育主题活动设计方案。活动对象为七年级全体学生。曾有媒体报道某地有所学校"三成初一新生不会系鞋带"，七年级的班主任颇感震惊，于是也对班级学生进行了系鞋带的小测试。果不其然，将近40人的班级中竟有四五名学生不会系鞋带，还有些孩子面对未穿入孔洞的鞋带束手无策，着实令人始料未及。在随后的家访中，部分家长表示，为了省得麻烦，会选择给孩子买没有鞋带的鞋子或者直接代劳，因而导致孩子一直没有学会系鞋带。这一桩小事其实折射的就是劳动教育的缺失。日常生活中，家长重视孩子的学业，却忽视了对其生活技能的培养。这种态度也造成孩子从小缺乏劳动意识，不会主动劳动，缺乏劳动热情。

从学生本身来看，这个年龄的学生有其心理特点，个人意识逐渐显现，集体意识日益增强，自我管理逐渐变难。若能在此时对他们加强劳动意识的培养，则能在孩子身心成长的关键时期帮助其树立正确的劳动观。在实施劳动教育主题活动的契机下，在班内提倡良好的"我爱劳动"之风可以促进群体成员间的相互正向影响，对班级学生劳动观的形成及责任意识的培养也有促进作用，还能在此基础上解决这一时期的学生自我管理困难等问题。

【教育目标】

学校结合"活教育"思想，取材于社会，把社会主义核心价值观融入具体的劳动实践，鼓励学生在做中体会，在劳动中学习，加强对学生的劳动教育，激发学生的劳动意识，帮助学生培养正确的劳动观。从劳动观教育出发，将本次主题活动的教育目标设为以下几点。

在对劳动者的看法上，学生应体认劳动不分贵贱，要热爱劳动，尊重普通劳动者。没有辛勤劳动的劳动者，我们的社会将无法正常运作。

在劳动习惯上，在学生能力范围内的劳动应让学生自己动手尝试。学生自主地进行劳动实践，在充分的实践之后，带着兴趣去"学"。

在劳动态度上，学生应视劳动为己任，深化"劳动最光荣"思想，在学校和家庭中积极参与劳动，充分发挥劳动中的主动性和积极性，严格遵守劳动纪律。

在珍惜劳动成果上，学生要明白劳动成果是劳动者付出汗水获得的财富，凝聚着劳动者的勤劳与智慧。尊重劳动、尊重劳动者的具体表现就是珍惜劳动成果。

根据以上四点，本次"幸福都是奋斗出来的——以多元系列活动培养学生的正确劳动观"劳动教育主题活动分为四个阶段进行，以此实现正确劳动观的教育。

【活动准备】

学校制作虚拟劳动银行的"劳动存折"，建立"劳动银行"虚拟档案库。由教师组成秘书处，承担"劳动银行"的柜面服务，以敲章形式审核登记学生的劳动积分成果，定期进行阶段总结和排名汇报。

【实施过程】

活动的第一阶段为"爱社会"社会采访篇，由学生采访生活中的劳动达人。活动时间为 4 周。活动目的是让学生通过采访社会上各行各业的基层劳动人民，摆正对劳动者的看法，懂得劳动不分贵贱，是劳动创造了美好生活。学生通过采访深入了解社会上各行各业劳动人民的工作实录，引发学生思考当代社会人们需要建立怎样的劳动观，从而培育学生的劳动意识。活动分为以下几步进行。

第一步为学生 4 人一组，采访劳动者。建议的采访对象为快递员、公交车司机、环卫工人、保安、便利店店员等。

第二步为撰写采访报告。报告需涵盖以下几方面：劳动达人的职业概况和个人基本情况；令人印象最深刻的劳动达人的一句话；劳动达人做过的最打动人的事；若没有从事这一行的劳动达人，人们的生活将会变得怎样；想对劳动达人说的话。制作成果汇报 PPT。

第三步为召开"生活中的劳动达人"主题班会。请大家来谈一谈自己所遇到的劳动达人，在课堂上组织学生讨论：如果没有这些基层劳动者，我们的生活会变成什么样？

第四步为制作爱心留言簿。收集学生想对身边的劳动者说的感恩的话语，放入留言簿中，由各采访小组赠送给身边的劳动达人，并与劳动达人合影留念。

第五步为各小组互评、打分。评价对象是别组的采访成果，包括成果汇报 PPT、爱心留言簿、合影照等。评分分为 A、B、C 三档，被评为 A 档的学生可以在"劳动存折"上积累 5 个积分，以此类推，B 档学生可积累 3 个积分，C 档学生可积累 1 个积分。

活动的第二阶段为"爱父母"家务成长篇，学生争做家务劳动小能手。活动时间为 3 周。活动目的为利用打卡积分制度，鼓励学生积极参与家务劳动，体认自己是家中的小主人翁的身份，养成良好的劳动意识和劳动习惯，明确自己的责任和义务，能主动为父母分担家务，培养对家庭的责任感，并锻炼基本的家务劳动技能。活动分为以下几步进行。

第一步是学生对家长进行一日观察，细心观察自己的父母在家中一天的劳动情况，并及时做好记录。

第二步是组织学生在班会课上填写"我母亲/父亲的一天"劳动时间

表，具体填写每个时间段父母为家庭所做的事情。在表格的最后一列填写父母所做的事情中学生愿意自己承担的家务（不少于三项），列成劳动计划清单。学生对此进行课堂分享，并为彼此的劳动计划清单提供较好的劳动建议。

第三步是在为期 3 周的活动时间内，学生将自己完成的家务劳动的照片上传至学校平台，完成每日打卡。打卡必须配有当日的家务劳动照片才被视作有效。

第四步是开展班会课，教师播放班级学生参加家务劳动的照片或视频，进行"劳动我最美"的展播。由全班投票，选出班级的"劳动之星"3 名、"劳动小能手"3 名、"'我爱劳动'积极分子"3 名。被评为上述劳动先进、劳动能手的学生可以在"劳动存折"上积累 5 个积分。能完成 2 周每日打卡的学生则可以积累 3 个积分。

活动的第三阶段为"爱学校"校园劳动篇，以劳动制度培养学生的劳动意识。

活动时间为期 15 周。活动目的是让学生明确劳动是自己应尽的义务和职责，形成正确的劳动态度，拥有"劳动最光荣"的想法。学生积极参加学校的劳动，每名学生自主寻找班级中适合自己的劳动岗位，在为集体、为班级同学服务的过程中品尝劳动带来的满足感和成就感，充分发挥学生的主动性和积极性，严格劳动纪律。活动分为以下几步进行。

第一步是学生填写"班级岗位认领志愿表"（共 5 个志愿，按意愿高低排列），主动认领班级里适合自己的劳动岗位。若不同学生认领的岗位有重合，则让"劳动存折"中积分更高的一方优先认领。岗位未认领成功的学生可以重新填报志愿。

第二步是岗位认领成功后，每个岗位的责任人要完成岗位责任书的签约。学生给自己的岗位取一个名称（如台长、门长、灯长、橱柜长等）。每名责任人要撰写自己的岗位责任要则，内容包括此岗位需完成的任务、如何制定相应的制度来进行岗位监督等，撰写完毕后由教师和班委组成的劳动秘书处审核，通过后学生认领岗位才算生效，否则认领无效。

第三步为实行一整个学期的班级岗位责任制，由每天的值日班长督查，进行每日打分。每天顺利完成任务的学生可以在"劳动存折"上累积1个积分。在每周四的大扫除中能顺利完成任务的学生，其"劳动存折"上每周累积2个积分。在劳动过程中，学生的行为由劳动秘书处认定为体现互帮互助的爱心事迹，学生能在"劳动存折"上累积3个积分。

活动的第四阶段为"爱未来""我型我秀"篇，学生用双手创造属于自己的财富。

活动时间为期1周。活动目的是通过举办趣味性的劳动比赛，激发学生的劳动兴趣和创造力，检验阶段劳动观培养的成果，使学生深刻理解劳动成果是劳动者辛勤劳动收获的财富，是劳动者勤劳和智慧的结晶。尊重劳动、尊重劳动者，就要珍惜他们的劳动成果。这项比赛旨在训练学生的动手能力和动脑能力，开展"在做中学"的劳动"活"教育。活动分为以下几步进行。

第一步是在运动会上，组织开展整理行李箱、剥毛豆、创意水果色拉制作、叠被子等趣味劳动大比拼，每班派2名学生参加4项赛事。

第二步为劳动秘书处进行赛事评比。获得一等奖的学生的"劳动存折"上积10个积分，获二等奖的学生积累6个积分，获得三等奖的学生则积累3个积分。

第三步是在学期末的结业典礼上，对整个七年级学生的"劳动存折"积分进行统计。学校评选出2个班级的团体先进和6名个人先进学生，公开给予表彰和嘉奖。

【活动效果】

经过一个学年四个阶段的劳动教育观培养，学生不仅收获了对社会基层劳动人民的认同感，还能怀揣一颗感恩的心埋下心中的劳动种子。这颗种子历经家务劳动的锻炼和学校岗位责任意识的培养，逐渐成长为一棵小青苗。这是劳动意识的生成，也为劳动技能的培养奠定了基础。在最后一个阶段的劳动实践环节及表彰环节，学生要用自己的双手去创造劳动果实，这个过程能使学生在实践中体验劳动的乐趣，以及劳动所带来的成就感和满足感。习近平总书记指出："一切劳动者，只要肯学肯干肯钻研，练就一身真本领，掌握一手好技术，就能立足岗位成长成才，就都能在劳动中发现广阔的天地，在劳动中体现价值、展现风采、感受快乐。"经过劳动教育主题活动的洗礼，学生也必定能"从做中学"，深刻理解"幸福都是奋斗出来的"。

（二）以争当劳动红旗手活动培养劳动观念

学校在日常教育教学中发现，有些初中低年级学生的自主劳动意识不强，个人卫生习惯较差，对待他人劳动成果的保护意识不够，对于参与学校、班级的劳动活动兴趣不高。针对以上这些现象，学校特地组织开展"劳动红旗手，快乐促成长"活动。

学校贯彻落实《关于全面加强新时代大中小学劳动教育的意见》，发挥在劳动教育中的主导作用，将校园作为培养学生劳动观念的重要阵地，切合实际地开展以班级活动为牵引的劳动教育，秉持劳动教育的基本原则，切实提升劳动综合育人的实效，以劳树德、以劳增智、以劳强体、以劳育美、以劳创新，坚持"五育"融合，促进学生全面发展。在班级活动的组织过程中，班主任应该充当校园和家庭的桥梁，让家校联动在这一过程中发挥最大作用。

学校注重发挥学生的劳动品格在生活、学习中的重要作用。劳动教育能正确地引导学生的行为习惯、生活方式以及价值观等。学生参与"劳动红旗手，快乐促成长"活动，在劳动中有所体验，有所收获，体悟劳动的艰辛，和教师、同学一起分享劳动的喜悦。在劳动活动过程中，学生可以切实地学习掌握一定的劳动技能，培养良好的劳动习惯，增强动手能力与分析问题、解决问题的能力。这次"劳动红旗手，快乐促成长"主题活动主要是以主题教育、班级活动、社会实践、校园活动、家庭教育和社会志愿活动融合的形式来让劳动教育的作用得以凸显，让学生在劳动体验中成长起来。通过班级劳动活动，让学生明白如何在集体中互爱互助，尊重他人的劳动成果，做个真正热爱劳动的好少年。

【教育目标】

学校力求让学生在"劳动红旗手，快乐促成长"班级活动中真正地融入校园活动，在劳动活动中养成爱劳动、多动手、多动脑的良好习惯，切实地提升学生的综合素养，并且在活动过程中能够珍惜他人劳动成果，懂得体谅他人，深刻地认识到协作的重要性。

【实施内容】

结合"五一"国际劳动节，学校开展为期1个月的"劳动红旗手，快乐促成长"活动，参加对象为初中低年级学生、家长志愿者。分为以下几部分来具体实施。

一是学，以劳动大讲堂增强认知。劳动大讲堂是此次劳动活动的指引，也是开端，主要以鲜活的实例、生动的故事来呈现。实施时间安排在"五一"国际劳动节前后。学校利用班级的班会课时间，由班主任开展一节"劳动最光荣"的主题教育课，让学生学习劳动教育大讲堂的课程。劳动教育大讲堂活动的设计意图是吸引学生对劳动知识内容感兴趣，让学生了解劳动活动的意义和价值，从而领悟劳动的意义，进而体认勤劳朴实、热爱劳动是中华民族的优良传统。同时，学生能通过相关课程的学习，学到劳动小妙招，提高自身的劳动素养。在活动中，让学生搜集古今中外歌颂劳动的劳动小故事，或是体现出主人公的优秀劳动品质的中外名作，开展"劳动故事讲讲讲"讲演活动。学校还组织"劳模精神学学学"讲座活动，邀请市、区劳动模范来到班级中，讲述其成长历程。学校邀请班级的家长志愿者搜集一些平时家务劳动中的小妙招，进行"劳动妙招猜猜猜"展示活动。

二是做，让学生在劳动活动中提高技能。实施时间安排在五月的第 2 周至第 4 周。设计意图在于将劳动教育活动作为教育载体，在活动开展过程中切实培养学生爱劳动、会劳动的综合素质，还能使学生学会尊重他人的劳动成果。主题教育课之后，班主任结合每天的值日生工作和每周四的大扫除活动，把学生分成三组——劳动小组、监督小组和保持小组。劳动小组主要完成当天的劳动任务；监督小组主要对当天劳动小组的工作内容进行监督；保持小组是在每天劳动结束以后进行卫生检查，提醒破坏环境卫生或是不尊重他人劳动成果的学生并记录在册。三个小组每周变换任务，在一个月里开展三次活动，让每组学生都能体验三个小组的不同职责。对于每个小组的评分，将由班主任和监督小组、保持小组的组长共同打分。班主任汇总每一周保持小组所提报的学生分数，然后进行集体评比，评选出"劳动红旗手"，并在班级"劳动红旗手"的评比栏上为其贴上"小红旗"。在此过程中，学生既锻炼了动手能力，又学会了点评他人的劳动水平，还能懂得尊重他人的劳动成果。

三是比，让学生在劳动竞赛中体会快乐，比拼联动显高招。实施时间安排在五月的第2周至第4周，设计意图是在提升学生的劳动意识和在校劳动技能的同时，也注重培养学生在家里的劳动习惯，让学生在家庭劳动中大显身手。在具体的比拼和丰富多样的劳动活动中，提升学生的劳动满足感和成就感。通过家校联动的形式，让班主任可以与家长近距离接触，使家长起到帮孩子养成良好习惯的助推作用。在主题教育课之后，班主任利用微信群、QQ群等互动平台，让家长充分理解班级开展劳动主题活动的意义，告知家长班主任布置的劳动实践活动，请家长督促学生在家完成。学生每完成一项，请家长在家长群里打卡一次，及时告知班主任。班主任布置学生回家开展"五个一"劳动技能实践活动——叠一次被子、洗一次衣服、刷一次碗、买一次菜、烧一次饭，请学生选择自己最满意的一次实践活动拍成小视频，上传到班级公共邮箱，完成期限是一个月内。

活动最后进行总结评比。在五月的最后一个工作日，学校再次开展主题教育课，根据家长上传的视频进行"家庭劳动小能手"的评比。优胜者可以在班级"劳动红旗手"的评比栏上贴上"小红旗"。班主任统计评比栏上每名学生获得的"小红旗"的数量，班级学生评选出若干名"劳动之星"，授予奖状并颁发奖品。

【活动效果】

此次主题活动真正让学生领悟了培育劳动品格的重要性，让学生在培养劳动意识的基础上学会尊重自己和他人的劳动成果，养成良好的劳动习惯。在多项活动融合的主题活动中，学生积极参与校园大扫除活动，发展与劳动有关的兴趣小组。学校大力开展以劳动教育为主题的班团队会、劳模报告会、手工劳技展示，提升了学生的劳动意识，真正从德育的角度树人。班主任也能积极转变观念，紧跟当下的教育要求，将其融入日常教学，明确学生究竟需要怎样的教师。班主任的终极目标是发现每个学生的独特之处，创制适合每个学生的课程，激发学生的潜能，助推学生追逐自己的梦想。

第三章

家庭劳动教育：
升华境界，躬行传承

苏联教育家马卡连柯认为，劳动永远是人类生活的基础，是创造人类生活幸福和文明的基础。虽然人与生俱来的劳动本能大致相同，但现实生活中劳动者的劳动能力却是千差万别。可见，劳动能力的差异并非先天因素所造成的，而是源于人们成长过程中所接受的教育和训练的不同。家长要让孩子参加家庭劳动，提高生活能力，培养良好的劳动习惯和正确的劳动态度，孩子以后更有可能顺利地实现自己的人生目标。

"家庭要发挥在劳动教育中的基础作用"，劳动教育要从家庭开始，从家务劳动开始。本章旨在让家长了解家庭劳动教育的课程目标、课程实施、课程评价等三方面，掌握家庭劳动教育的核心要素、操作途径和有效方法，树立崇尚劳动、以劳动为荣的家风，以家庭劳动教育的形式，培养孩子的劳动习惯，传承家庭劳动精神。

学校家庭劳动教育课程体系的建立是对我校原有家庭劳动教育活动的继承、规范和发展。家庭劳动教育课程不但要在学校劳动教育课程和相关活动的基础上充分发挥家庭的作用，而且要通过增强家长的劳动教育意识、提高家长的劳动教育能力，进一步改进劳动教育的形式和内容，让家长成为劳动教育的"引导者""培育者"和"促进者"，使劳动教育在家庭中得到更好的落实。

第一节

家长是劳动教育的"引导者"

劳动教育要培养孩子的劳动观念，教育出的应该是对劳动、劳动者、劳动成果等有正确认知的孩子。如果教育出的孩子觉得劳动可有可无、手到心不到、怕苦怕累，那么这样的劳动教育是流于形式的。如果教育出的孩子不尊重劳动者，理直气壮地指责别人不为自己付出，那么这样的劳动教育是失败的。如果教育出的孩子漠视别人的劳动成果，甚至于对此不屑一顾，那么这样的劳动教育是有所欠缺的。我们分析得出，之所以孩子会有这些思想，根子在于家长对于"再苦也不能苦孩子"这一观念的理解失之偏颇。家长舍不得孩子"吃苦"，试图为孩子做好一切事情，以解决孩子的后顾之忧。然而，这些家长没有想到的是，有不少孩子对此不以为意，甚至不领家长的情。归根结底，还是由于两代人对"苦"的理解有着天壤之别。在有些家长眼里，物质匮乏就是"苦"，劳心劳力就是"苦"，亲力亲为就是"苦"，想方设法让孩子免受这些苦。而现在大部分的孩子没有受过物质匮乏之苦，却深以个人成长发展受限为苦。在孩子们看来，虽然长辈生活上可能经历过艰难困苦，但是小时候可以漫山遍野地撒欢，整个精神世界是充实的，内心是自信满足的。由此可见，现今的家庭劳动教育不能只从培养孩子的劳动习惯和劳动意识入手，还要从当代孩子精神的自我满足和自我实现的角度设计家庭劳动教育的要求。

为更好地了解初中、高中阶段学生的实际劳动情况，学校向本校学生和家长发放了学生家庭劳动情况调查问卷，并对相关问卷结果加以分析、归纳总结。

一、学生家庭劳动情况调查

以初中学生家庭劳动情况调查为例，我们让家长与学生分别填写家庭劳动情况调查问卷，向其说明本次调查采用不记名方式，调查结果仅作分析研究之用，目的是了解初中学生参与家庭劳动的真实情况，希望家长能够如实填写，不要有任何顾虑。调查问卷如下。

学生家庭劳动情况调查—家长问卷

1. 您的孩子在家是否能主动做家务？（　　　）

　　A. 能主动做，并坚持做　　　　　B. 偶尔主动做一点

　　C. 很少主动做，家长要求才做　　D. 家长要求孩子做，孩子也不做

2. 您的孩子会在哪些时间段参加家庭劳动？（　　　）

　　A. 每天都做　　　B. 周末　　　C. 不定时　　　D. 从未做过

3. 您的孩子在家会进行哪些家庭劳动？（可多选）（　　　）

　　A. 整理、打扫房间　　　　　　　B. 垃圾分类

　　C. 烹饪　　　　　　　　　　　　D. 种植花草或打理宠物

　　E. 其他_____（若选择该项，请填写具体的家庭劳动项目）

4. 您希望您的孩子参与力所能及的家庭劳动吗？（　　　）

　　A. 希望　　　　　　　　　　　　B. 不希望

　　C. 没想过，无所谓　　　　　　　D. 说不清

5. 您会要求您的孩子承担一定的家庭劳动吗？（　　　）

　　A. 一直坚持要求　　　　　　　　B. 不会要求

　　C. 偶尔要求　　　　　　　　　　D. 说不清

6. 您平时带着孩子一起进行家庭劳动吗？（　　）

    A. 经常　　　　　B. 偶尔　　　　　C. 很少　　　　　D. 几乎没有

7. 您的孩子完成家庭劳动的能力如何？（　　）

    A. 会做多项家务且做得很好　　　　B. 会做三项及以上家务

    C. 会做一至两项家务　　　　　　　D. 不会做家务

8. 您认为做家务对孩子的全面发展有用吗？（　　）

    A. 非常有用　　　B. 比较有用　　　C. 没有用　　　　D. 有反作用

9. 您的孩子在学习之余，经常做些什么事？（　　）

    A. 参与劳动　　　　　　　　　　　B. 看书

    C. 进行体育锻炼　　　　　　　　　D. 玩电子产品

    E. 其他

10. 如果您的孩子参与劳动，那么您会向孩子普及相关安全教育的基本知识吗？（　　）

    A. 会　　　　　　　　　　　　　　B. 不会

11. 如果您的孩子有一定的劳动意识，那么他（她）能完成哪些劳动或正在积极参与哪些劳动？（请简单罗列）

_____

学生家庭劳动情况调查——学生问卷

1. 你在家会帮助父母分担家务吗？（　　）

    A. 经常　　　　　B. 偶尔　　　　　C. 从不

2. 你在家里通常做哪些家务？（可多选）（　　）

    A. 整理、打扫房间　　　　　　　　B. 垃圾分类

    C. 烹饪　　　　　　　　　　　　　D. 种植花草或打理宠物

    E. 其他_____（若选择该项，请写出所做的家务）

3. 对于在学校打扫卫生，你是怎么做的？（　　　）

    A. 很乐意做　　　　　　　　　B. 不愿意，但不得不做

    C. 经常偷懒不做　　　　　　　D. 从来没做过

4. 你觉得适当参加家庭劳动会耽误你的学习吗？（　　　）

    A. 不会，只要合理安排时间，做一些家务并不会影响学习

    B. 会的，做家务占用学习时间

    C. 不知道

5. 你觉得做家务有好处吗？（　　　）

    A. 有好处，参加家庭劳动对我有帮助，同时也能减轻父母的负担

    B. 没有好处，做家务太累了，浪费时间

    C. 不知道

6. 你认为参加劳动对磨炼人的意志有帮助吗？（　　　）

    A. 有　　　　　　B. 没有　　　　　　C. 不清楚

7. 你赞同财富是靠劳动创造的吗？（　　　）

    A. 赞同　　　　　　B. 不赞同　　　　　　C. 不清楚

8. 父母对你参与劳动持何种态度？（　　　）

    A. 称赞、表扬或奖励

    B. 阻止

    C. 不支持也不反对

9. 父母对于家庭劳动持何种态度？（　　　）

    A. 主动做　　　　　B. 经常抱怨　　　　C. 不喜欢做家务

10. 你在什么情况下愿意主动承担家务？（　　　）

    A. 看到父母工作很辛苦时

    B. 自己想做家务的时候

    C. 做家务有奖励时

此项调查反映出很多问题。我们对调查结果进行了分析。

（一）从家长认识的角度来看

家长对劳动教育的认知在一定程度上会影响其家庭教育的科学性。家长的劳动教育观念应该与时俱进，对于教育方式的选择也应更加多样，注重其有效性。然而，有不少家长受应试教育思想的影响颇深，重视孩子的学习成绩而忽视对其素质能力的培养。应试教育之流弊，使得社会上仍有重智育轻劳育的风气，也使得某些学校存在劳动教育课程时间被占用的现象。在劳动教育的评价方面，虽然国家已要求将劳动素养纳入学生综合素质评价体系，高中和高校要将劳动教育课程的考核结果作为毕业依据之一，要将学段综合评价结果作为学生升学、就业的重要参考，但不少家长看重的依然是孩子的学科成绩。我们从家长提交的回复问卷中可发现以下几个特点。

1. 家庭劳动教育较为薄弱

独生子女家庭和隔代教养家庭的家长对孩子的家庭劳动教育较为薄弱。许多独生子女家庭由于只有一个孩子，对孩子的保护过甚。家长不忍心让孩子多承担家庭劳动。在隔代教养家庭中，祖父母、外祖父母对孩子更是"隔代亲"，甚至因溺爱孩子而不舍得孩子做一点儿"重活"。在这样的环境中成长的孩子很可能娇生惯养——家人不要求其做家务，其自己也不愿意动手劳动。过分关注呵护孩子的家长认为孩子还小，不需要干什么活，但实质上这是对孩子劳动能力的不信任。在家庭劳动教育中，家长这一环节出了纰漏，会在很大程度上影响孩子劳动的积极性，甚至让孩子产生不做家务理所当然的心理，不利于其全面发展。

2. 对孩子的事情包办代替

为数不少的家长插手孩子的事情，甚至对孩子自己的事情包办代替。调查结果显示，70％的初中低年级学生都有家长帮自己打扫卧室、书房卫生的经历。对于收拾书包、整理房间等事情，家长也会"大包干"。这种过度干预无疑对孩子没有好处，将造成孩子自理能力的缺失——"巨婴"现象多源于此。同时，这样做对孩子的独立思考能力也有一定的影响，且孩子在心理上易过度依赖父母来做决定。

3. 对做家务频率的要求不高

此次调查的结果显示，40.59％的家长偶尔要求孩子在家做家务，而22.68％的家长对此不作要求。虽然孩子参加家庭劳动的效果在很大程度上取决于其自觉性，但家长也应起到引导作用。多数家长对孩子参加一定的家庭劳动的要求并不严格，孩子敷衍了事，家长也是睁一只眼闭一只眼。久而久之，就会造成孩子在劳动上消极懈怠。

4. 仅要求孩子劳动而不作交流

家长仅要求孩子劳动而不甚关注其思想、收获或劳动方法等的现象仍普遍存在。一部分家长仅仅要求孩子劳动，或监督或"放养"，但都不关注孩子在劳动时的所感所获，不与孩子交流劳动心得，也不利用劳动的机会言传身教。家长要求孩子参加家庭劳动，却缺乏对孩子劳动思想、劳动方法等方面的教育，这样的教育只是浮于表面，停留在"体力活"本身，甚少深入触及劳动所蕴含的精神资源。

5. 抱怨劳动辛苦，自身不喜劳动

家长在孩子面前流露"劳动辛苦"这一想法的频度较高。有些家长自身不喜劳动的倾向较明显。调查结果显示，多数家长曾向孩子抱怨过家庭劳动很辛苦、自己做家务很累，表达过自己感到厌烦、不喜欢做家务等负面情绪。事实上，家长表达这种负面情绪是一把"双刃

剑"。一方面，家长的抱怨在某种程度上让孩子体会到家长的辛苦，从而自觉地帮助家长分担家庭劳动，培养了孩子的责任意识。另一方面，这样的抱怨令人担忧——对于劳动的负面情绪过多，将产生"标签效应"。不顾及教育情境，无形中劳动就被贴上了"辛苦""累""不被喜欢"等"灰色"标签，潜移默化，影响孩子的劳动观念，使孩子产生对劳动的抵触心理。

（二）从家校联系的角度来看

劳动教育要融入家庭、学校两大维度，打造家校协同、家校一体的劳动教育模式。在中小学生家庭劳动教育中，家长在"台前"，发挥主要作用，学校则在"幕后"。学校在家校一体的家庭劳动教育中发挥的作用虽有限，但又是不可缺失的一环。然而，现实生活中，学校与家长联系的内容多以孩子的学业成绩、在校表现为主，很少关注孩子的家庭劳动教育问题。学校本该发挥的劳动教育指导作用、考查作用弱化乃至消失，劳动教育的"家校一体"模式有成为"空壳"之虞。由此，学校从家长角度出发，鼓励家长提升自身素养，提出了以下几点建议。

1. 积极沟通，优化家庭劳动教育方案

在家庭劳动教育中，家长要肩负很大的责任，需要重点关注孩子在劳动过程中的心理状况，能够辨别孩子所发生的变化的意义。为此，家长应与相关专业人士积极沟通，寻求教师等专业人士的意见和建议不失为一个科学理性的选择。当然，适合自己的才是最好的，家长应该结合孩子的具体情况，在与孩子交流、讨论的基础上实施家庭劳动教育。

2. 学会放手，避免包办家庭劳动

父母作为孩子的第一任老师，一定要陪伴、教育、指导、帮助孩子，使孩子顺利地成长。无论是独生子女家庭、隔代教养家庭，还是其他类

型的家庭，家长都应有分寸感，要改正包办一切的错误思想，尊重孩子的独立人格和主体地位。如果有些家长不放心孩子做家务的质量，或者担心孩子在劳动中的安全，那么家长可以在孩子附近保持关注，以双方都感觉舒适的姿态进行监督和指导，但不可抢过孩子手中的活儿自己来干，否则就极有可能打击孩子对于劳动的信心。

3. 适当奖励，鼓励孩子做家务

孩子做家务的积极性与家长的鼓励、引导密不可分。若孩子对于家庭劳动并不主动，家长除了对孩子进行劳动教育之外，可以在与孩子沟通后适当采取物质以外的奖励措施，这类似行为主义学习理论中的"正强化"。比如，孩子坚持一周天天洗碗，周日就可以自由支配自己的娱乐时间；孩子协助父母进行彻底的家务大扫除，就可以获得与父母一起去看电影时的选片权；等等。当然，最重要的还是家长适时的鼓励。任何奖励都不应成为孩子参加家庭劳动的目的，它只是使得孩子形成良好劳动观念和正确价值观的助力。

4. 适时指点帮助，提高思想认识

家长在孩子参加家庭劳动时，可以找机会向孩子传授一定的劳动知识与技能，如"清洁小妙招"等。同时，家长也可以引导孩子，从劳动这一具体的事情中恰到好处地提炼出一些有益的哲理，使得劳动不仅仅是劳动，还能成为孩子的"小课堂"，以此提升孩子的思想认识高度。值得注意的是，这并非要求家长在劳动中硬找道理——如果那样做，不但会显得牵强附会，还会失去说服力，削弱家庭劳动教育的效果。家长要有敏锐的观察力和对生活的感悟力，能在进行家庭劳动教育时找到合适的切入点和引起共鸣之处是关键。适时的指点与帮助才是孩子在家庭劳动过程中所真正需要的。

5. 勿过多抱怨，不传递负面情绪

家长为了家庭而努力工作是值得称赞与尊敬的。从调查结果可知，当被问及在什么情况下愿意主动承担家务时，有49.89％的学生受访者选择了"看到父母工作很辛苦时"这一选项。这表明孩子能够体谅父母。然而，有些家长习惯于经常对此抱怨，还是在孩子的面前。当然，家长工作后还要承担一定的家务，也会感到劳累，有抱怨的自由，但家长宣泄负面情绪的对象不应是工作、家务劳动本身，否则孩子会受到误导，会认为劳动本身是令人痛苦的。在孩子面前，家长或许可以有意识地改变一下表达方式。比如，家长在辛苦打扫后告诉孩子："刚才打扫虽然很累，但是看到房间干干净净，就觉得一切都值得。"这类话体现了家长因劳动而产生的价值感和自我满足感，让孩子真切地感受到劳动是一个付出与收获并存的过程，孩子因而能理解劳动虽不免辛苦但同时又有乐趣，能充分体悟、正确认识劳动的甘苦，以后就会以家长为榜样，对劳动抱有热情，负起对家庭的责任。

由此可见，孩子与家长都需要在劳动意识方面有所提升。孩子需要进一步增强劳动观念，家长也要强化劳动意识并落实在行动中。社会、家庭的正常运转都离不开劳动。孩子应明白自己是家庭的一员，如果家长在做家务，那么孩子要有主动帮忙的意识，因为这是为人子女者可以承担起的责任。不管是外出采购、学着修理物品，还是烹饪、清扫，都有助于孩子养成积极参与家庭劳动与学校劳动的习惯。孩子学会平衡好家庭劳动和学习任务的关系，在结束一天的紧张学习后，回到家中参与一些家庭劳动，和父母聊聊天，也可以放松心情，缓解一天的疲劳。亲子一起进行家庭劳动，其实也是亲子沟通的好机会，可以拉近彼此之间的距离。对于孩子参加各类劳动活动，家长应该全力支持，借此培养孩子关心集体、关心别人、助人为乐的优良品质。

二、家校共育的烹饪劳动教育课程

　　龚路中学建校于 1944 年 8 月，前身为返真商业职业学校、思敬初级职业中学和龚路初级会计技术学校。几经沿革，如今的龚路中学是一所公办完全中学，作为曾经的职业技术类学校，学校具有深厚的劳动教育基础。2005 年 9 月，学校更名为上海第二工业大学附属龚路中学。二工大是一所应用技术型大学，其"三厚"理念中的"厚技"与龚路中学的传统不谋而合。以"包起帆创新之路展示馆"为载体的劳模教育为学校注入了更多的全新精神力量。学校在"求真返璞，乐业齐贤"的办学理念引领下，以立德树人为根本任务，践行"明德善学"校训，构建劳动教育课程体系，实施劳动教育课程，充分发挥劳动教育的育人实效，培养具有"全人＋创新力"素养的未来公民，让孩子有幸福生活的能力。

　　由此，我们充分调动家、校、社三方资源，三位一体，合力构建"家庭劳动教育""校园劳动教育""社会劳动教育"等三类劳动教育课程体系。我们希望通过这三类课程的融合，实现家、校、社协同育人，尤其是通过家校共育提高学生的劳动素养，让他们养成良好的劳动习惯，树立积极的劳动价值观，掌握一定的家政、生产技艺，以及社会服务的基本劳动知识和技能。由于烹饪是常见的家庭生活劳动且烹饪课程易于开展，学校便从系列烹饪课程入手，实施家校共育的劳动教育课程。

（一）课程目标与结构

1. 课程目标

（1）以劳自立

通过合作探究、自主学习、实践操作，让学生在"做中学、学中做"中掌握烹饪的基础操作，以此提升学生的独立生存能力和自我服务能

力。（劳动素养）

（2）以劳立德

让学生养成"在生活中学会学习，在活动中学会生活"的意识和能力。学生在烹饪的过程中增强自我的认同感和劳动精神，在动手实践和展示劳动成果中加深对自我能动性的认识。引导学生树立崇尚劳动、尊重劳动的劳动意识，构建正确的劳动观念。（劳动价值观）

在烹饪实践和分享劳动成果中增强亲子关系，培养学生的家庭责任感和主动为他人服务的精神。（劳动价值观）

（3）以劳增智

引导学生"在仿中学，在学中创"，在烹饪实践中培养学生自主学习、主动探究、乐于创新的志趣和情感，激发其创造追求和创新思维。（劳动素养）

（4）以劳育美

培养学生在烹饪实践过程中精益求精的劳动态度，提高学生的审美意趣和能力。（劳动素养）

2. 课程结构

本课程以"家校合作，协同共育"为原则，由学校拟定课程大纲、录制教学视频，让学生自主学习、自主探究。学校制定了科学的评价方式，以期发挥评价对学生的反馈改进和激励导向作用。同时，学校通过"思敬家长学校"定期召开家委会会议、家长会，以提高家长对家庭劳动教育的重视程度，分享给家长劳动教育的技巧和方法。在此基础上，家长提高了思想认识，积极配合学校家庭劳动教育课程，让孩子拥有充分的劳动机会和必要的劳动条件。家长从积极引导、协作互助，到放手让孩子独立实践，以及评价反馈的过程中，注重激发孩子的劳动兴趣，培养其劳动能力，固化其良好的劳动习惯，增强孩子的家庭责任感。

学生在"仿中学、做中学、学中创、学中精"的实践过程中，掌握了基本的烹饪技能，提高了自身的独立生活能力，树立了正确的劳动价值观，提高了自己的劳动素养，从而实现"五育"融合的全面发展。课程结构如图3-1所示。

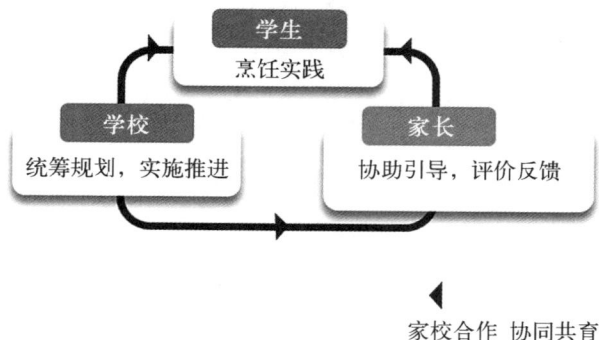

图3-1　家校共育的烹饪劳动教育课程结构

3. 课程大纲

民以食为天。朱柏庐的《治家格言》有言："一粥一饭，当思来之不易。"最基本的一日三餐串起了我们的日常生活，而做得一手好饭菜的本领却也是来之不易，需要潜心学习的。以烹饪为主题的家庭劳动教育课程，其地位可见一斑。

学校开设的"跟着季老师学做菜"家庭劳动教育课程教授的菜品制作以本帮菜为主，旨在加深学生对本地饮食文化的了解和体悟。课程的内容涉及饮食文化的探讨、营养膳食的科学搭配以及烹饪技艺的学习，以引导学生在体验"生活世界"的同时引发对"人文世界""科学世界"的思考，在进行劳动教育的同时培养学生的自主性、创造性和探究性。

课程以互联网为依托，由学校课程教学部副主任季坚老师提前录制教学视频，包括食材准备、烹饪过程、成品展示等步骤，课程形式主要有知识普及、亲子协作、独立实践、成果交流、社会调研等，由班主任按课程计划组织实施。学生利用周末时间进行实践操作，记录其过程与成果。在推进过程中，让学生以项目化学习的方式，在真实的任务情境中完成践之有"方"、食之有"味"、仿中有"创"、搭之有"道"、研之有"方"五大板块的劳动任务，以期在其学习体验、实践探索、传承创新的烹饪劳动中实现"五育并举"、融合育人的教学效果。高一年级"跟着季老师学做菜"项目化学习任务如表3-1所示。

表3-1　高一年级"跟着季老师学做菜"项目化学习任务

课程板块	课程内容	成果展示
践之有"方"	1. 熟悉厨具、择菜、洗菜、体验切菜 2. 根据《跟着季老师学做菜》教学视频的指导，在父母的协助下完成一道本帮菜的烹饪 3. 完成"今日我掌厨"任务，独立烹饪一道本帮菜	菜品照片、烹饪视频、劳动心得
食之有"味"	4. 完成"色香味对决赛"任务，与父母同时烹饪一道本帮菜，请父母一方给菜品的"色香味"打分，决出胜负	菜品照片
仿中有"创"	5. 以健康饮食为标准，进行菜品的改良，并录制视频，完成"我的改良之思"任务	解说视频
搭之有"道"	6. 自学菜肴的荤素搭配方法，提高菜肴的营养价值 7. 基于"跟着季老师学做菜"课程多道本帮菜的学习，独立为父母烹饪一桌菜肴，并完成"我的搭配之道"任务	菜品照片、解说视频、科普海报
研之有"方"	8. 暑假中，以小组为单位，拟定主题，设计问卷和采访提纲，完成"社区饮食文化"的调研并撰写调研报告	调研报告

（二）课程实施

1. 在"效仿学习"中动手实践，培养劳动习惯

劳动项目："今日我掌厨""色香味对决赛"

分步推进：（1）第一项"今日我掌厨"的家庭劳动内容是根据学生的

认知发展规律设置的。从熟悉厨具、择菜、洗菜、体验切菜到着手烹饪，皆由学生根据《跟着季老师学做菜》教学视频的指导完成。初期出于安全考虑，学生可在父母协助下体验完整的烹饪过程后，再自己独立完成。（2）学生在基本掌握本道菜烹饪方法的基础上，与家长进行"色香味对决赛"。根据家庭的饮食喜好，每个季度自主选择至少一道《跟着季老师学做菜》教学视频中的本帮菜，父母与孩子同时烹饪该道菜，同台对决，并由父母给双方的成品打分，决出胜负，使得学生在掌握劳动技能的同时，激发了劳动兴趣，培养了劳动习惯，提高了自身在家庭中的参与感和责任感，也学会了尊重劳动者的劳动成果。

2. 在"手脑并用"中激荡思维，提升劳动能力

劳动项目："我的改良之思""我的搭配之道"

分步推进：（1）在掌握教学视频中的本帮菜烹饪的基础上，对高二年级的学生提出相对更高的要求。学生要独立搜集、筛选烹饪相关的营养搭配知识，以健康饮食为标准，对原先的菜品进行改良，并制作视频介绍"我的改良之思"。（2）对于家务劳动能力较强的学生，要求他们自学荤素搭配之道，独立为父母烹饪一桌菜肴，并以录制、剪辑视频的方式呈现"我的搭配之道"。仿中有"创"，搭之有"道"，有效地提高了学生的劳动技能，也培养了他们为他人服务的意识。

3. 在"合作调研"中认识社会，实现全面发展

劳动项目：社区专题调研

分步推进：（1）高三学生即将踏上社会，正逐渐形成对社会的认识。学生以"社区饮食文化"为主题进行社区专题调研，需要在小组合作中完成研究的整体规划和方案，以及问卷调查和访谈提纲的设计。（2）学生按计划展开调研，并分析调查数据，最终完成调查报告。通过社区专题调研，提升学生的社会参与意识和社会实践能力，增强他们的社会责

任感，丰富他们对劳动的体验和认知，使其体会到劳动是积极的生活方式，深刻理解"幸福都是奋斗出来的"。

（三）课程评价

劳动教育课程评价的目的在于发挥正面导向作用，激发学生的劳动兴趣，提升其劳动素养，塑造其劳动价值观。由于劳动技能的习得并非一蹴而就，而是在持续性、动态化的过程中反复实践、不断强化和优化的，因而"跟着季老师学做菜"家庭劳动教育课程不仅关注学生最终展现的劳动成果，还注重结果评价与过程评价相结合。教师针对此课程设计了"跟着季老师学做菜"记录表（见表 3-2），采取这一形式让学生进行过程性自我评价，也便于教师和家长关注学生在劳动过程中的点滴进步，以达到促使学生及时反思、精益求精的目的，促进并固化学生的良好劳动习惯，提升其劳动素养。

表 3-2　"跟着季老师学做菜" 记录表

菜品名称		活动日期	
项目类型		学生（班级）	
活动记录			
活动感受			
自我评价			

同时，"跟着季老师学做菜"家庭劳动教育课程采取教师、家长、学生和同学"四位一体"的评价方式，即"学生自我评价""同学相互评价""家长参与评价""教师全面评价"（见表 3-3），最后则是"学校总结评价"。学校课程教学部根据评价表，评选出各年级、各班级的"创意改良之星""创意搭配之星""最佳调研报告"等不同荣誉奖项。

这样，通过多元评价强化学生自我实现的效能感，以此促进学生的全面发展。

表 3-3　高一年级"跟着季老师学做菜"评价表

课程板块	核心任务	主要成果展示	学生自评	同学互评	家长评价	教师评价
践之有"方"	"今日我掌厨"	烹饪视频				
食之有"味"	"色香味对决赛"	菜品照片				
仿中有"创"	"我的改良之思"	解说视频				
搭之有"道"	"我的搭配之道"	解说视频科普海报				
研之有"方"	"社区饮食文化"调研	调研报告				

（四）课程效果与影响

1. 项目化劳动任务助推"五育"融合

学生在真实的项目化劳动任务驱动下，掌握了一系列本帮菜的烹饪技能。他们不但习得了独立生活的技艺，而且深刻地了解了本地饮食文化，更在系列化、渐进式完成任务的过程中固化了劳动技能，养成了劳动习惯。学生在厨房劳作时，其劳动精神和劳动品质都得到了历练。达成任务目标后，学生通过分享和展示劳动成果体验到自身劳动的价值和意义，强化了自我效能感，增强了家庭责任感。

本课程是学校的特色劳动教育课程，也以培养"全人＋创新力"为旨归。在项目化劳动任务的推进中，多样化的任务激发了学生的劳动兴趣。尤其在完成食之有"味"、仿中有"创"、搭之有"道"任务的过程以及成果展示环节中，学生积极体验、主动探究、勤于思考。在制作、解说成品与绘制科普海报的过程中，他们对视频的剪辑、海报的构图、色彩搭配等要素精益求精，反复修改，力求达到良好的视觉呈现效果。"社区饮食文化"调研任务的实施提高了学生参与社会的意识。由此可见，项目化劳动任务使得学生学习的主动性、创新性、实践性都得到了提升，同时也培养了他们高度的社会责任感和精益求精的工匠精神，达成了"以劳增智""以劳育美""以劳树德"的目标，助推"五育并举"、融合发展。

2. "互联网+家校共育" 模式提升劳动教育质效

本课程将"网络教育＋家校共育"作为劳动教育的实践模式。学校通过线上实时沟通、线下密切交流的方式达成家校对于劳动教育的共识，提升了家长开展家庭劳动教育的能力和技巧。在课程实施阶段，学校依托互联网搭建起供视频教学、成果展示、评价反馈的平台。平台发挥了很大的作用：其一，家长通过平台上的《跟着季老师学做菜》教学视频了解需要准备的食材、规范的操作、注意事项和要求等，能更科学有效地协助孩子完成任务；其二，学生劳动的全过程在平台上得到了完整的记录，他们在回顾其中点滴的过程中成就感十足，从而激发了自觉参与、自己动手、坚持不懈的劳动观念；其三，家校能在平台上及时地沟通，得到快速反馈，有利于多元评价方式的落实，使得劳动教育取得更好的育人实效，从而促进学生的全面发展。

三、烹饪劳动教育实例

青少年成长与成才离不开劳动的锤炼。学校、家庭、社会都应正确认识劳动教育的育人价值与作用，充分发挥劳动的综合育人功能，协同发力，以劳育人，实现"以劳树德、以劳增智、以劳强体、以劳育美、以劳创新"，促进学生身心全面发展，改变实践中普遍存在的劳动教育在学校中被弱化，在家庭中被软化，在社会中被淡化，在研究中被虚化的现象。

学校意欲通过开展劳动教育，提高学生的劳动素养，促进学生养成良好的劳动习惯，培养学生积极的劳动态度。由此，学校近年来持续探索充分调动家、校、社三方资源，以劳动教育为立足点，构建全面育人的课程体系，确定实践策略。学校首开家庭生活技能之烹饪系列课程，惠及本校学生、家长，也为其他学校提供有益的借鉴。以下选取部分课程实例，执教教师为课程教学部季坚老师。

（一）"跟着季老师学做菜"第1期

时令小菜交关鲜

由于学校地处农村，烹饪食材多来源于自家的菜园、庭院，取其新鲜，也取其方便。去农贸市场买当季时蔬也很便利。以时令菜蔬开设一门家庭烹饪课，家常菜，家常做，能让家长和孩子自得其乐，值得一试。时值春日，"笋"正当时，特以此为主题，配以其他时蔬，推出一道时令小菜——腊肉春笋烩蚕豆。

笋和蚕豆的味比较淡，故以腊味辅之。那种特有的浓郁与绵长香气，不免引人口中生津，食指大动。这是中国的味道，更是家的味道。此菜素材取自于上海广播电视台《淘最上海》电视节目，考虑到家庭中的实际操作，进行了合理化改动。

1. 准备食材

主料：腊肉、春笋、蚕豆。（注意：也可选用烟熏肉、酱油肉、腊肠、咸肉等。因春笋、蚕豆喜油，腊肉宜选肥一点的。春笋要挑壳黄且饱满的，形状要有点扁的，笋肉白白嫩嫩的。蚕豆要挑又宽又扁的，豆粒上的一条"眉毛"要浅绿色的，不能是黑色的，这样的蚕豆才是青嫩嫩的。）

配料：蒜末、姜末、食用油、胡椒粉、料酒、蚝油、白砂糖、麻油、水淀粉、老抽、生抽。

2. 制作过程

（1）处理食材（清洗、切配、断生等）。

① 咸肉根据个人喜好切丁或切片、切细条，用净水浸泡（提前2小时完成，若选用烟熏肉、腊肠，因其略有甜味，不太咸，则不用浸泡）。

② 春笋、蚕豆剥壳。

春笋竖里划一刀，剥去笋壳。春笋斜刀切块备用。（小窍门：春笋斜切能断其纤维，吃起来口感更嫩。）

剥掉蚕豆荚，将蚕豆放在碗里，上面用小块湿毛巾盖好保湿，也可将蚕豆装进保鲜袋，扎口封好，否则蚕豆若过风就易老。

③ 笋块、蚕豆焯水（能使蔬菜保持翠绿色泽，炒青菜也可用此法）。

在锅中净水里加少许盐，等水滚沸，将笋块、蚕豆分别焯水，时间要短。再迅速用水过凉，沥干水备用。

（2）煸炒食材。

① 冷锅不放油烧热，等锅微冒青烟，沿锅壁四周淋入半调羹高度白酒（酒香味会渗透到菜里），烧干。

② 热锅内放3调羹油，待油约2成热，放入少许姜末、蒜末爆炒，有香气出来。将咸肉从水中捞起，入锅，煸至四边略黄（若用腊肉，则煸至肉呈透明）。把焯过水的笋块倒入锅内，煸炒几下。再将焯过水的蚕豆下到锅内，翻炒几下，至微微发黄即可。

（3）食材调味、焖煮。

① 沿锅壁四周淋入半调羹料酒，加入1调羹蚝油、半调羹生抽（用于提鲜）、四分之一茶匙老抽（用于给菜品着色）、半调羹白砂糖、少许胡椒粉、半小碗清水。

（注意：不用加盐。因咸肉的咸味还会慢慢释放出来，蚝油也有咸味。）

加盖焖煮 3—4 分钟，再翻炒两下。

② 试味，收汁。试一试菜的咸淡，是否对了自己的口味（如果感觉偏淡，可加入一点浸过咸肉的水）。加入调好的 2 调羹水淀粉汁，收汁，起锅前再淋上 1 调羹麻油。装盘，上桌。

（创新点：喜辣者可准备羊角辣椒 1 根，切丝，煸炒食材时放入，增添菜品的风味。讲究菜品色香味并重的，也可准备红甜椒 1 只，切块或切丝，煸炒食材时一并放入，用于为菜品增添色彩。）

这样一盘有黄有绿有红的腊味时令小菜，笋嫩，蚕豆嫩，肉肥美。色香味俱全，足可供一家人大快朵颐。

（二）"跟着季老师学做菜"第 2 期

群 英 荟 萃

教学设想：学校地处农村，可供开展劳动教育课程的资源众多，劳动教育课堂十分广阔，劳动课可以有多种多样的课型。教育家陶行知提出"社会即学校""生活即教育""教学做合一"。为了丰富学生的学习生活，学校鼓励学生在家中就地取材，因地制宜，开设出家庭劳动一课。

教学目标：培养学生的动手能力。学生可到自家菜园采摘食材，可在自家灶上烧菜。

培养学生的创新能力。学生可根据视频教程，对菜品进行改良，大胆创新，以使菜品适合自家的口味。

1. 蘸水秋葵

（1）准备食材。

主料：秋葵（长度不超过 5 厘米）。

配料：食用油、白砂糖、生抽、大蒜。

（2）操作过程。

① 将秋葵洗净后，去尖去蒂。

② 剥蒜，捣泥。

③ 在锅中加适量水，加 2 克盐，上灶，大火烧开。下秋葵，水开后，过 4 分钟关火。

④ 在小碗内放少许白砂糖，再加蒜泥，待做调味汁。

⑤ 另取锅上灶，热锅后加少许油，烧热。将热油倒入小碗，激发出蒜香，再加点生抽（小窍门：为让口感丰富，也可再加少许白胡椒粉），调味汁就做好了。

⑥ 将秋葵装盘，倒上调味汁。

（创新点：可以按照自己的口味制作各种特色调味汁。）

2. 咸菜煸毛豆

（1）准备食材。

主料：毛豆、咸菜。

调料：白砂糖、鸡精、食用油、熟猪油、盐（备用）。

（2）操作过程。

① 试尝一下咸菜。若太咸，须将咸菜浸泡半小时，捞出沥干水分。

② 毛豆焯水。水开后，过 2 分钟捞出毛豆，过冰水，至毛豆凉下来，并沥干水分。

③ 将锅烧热，按 1∶1 的比例放入食用油和熟猪油，待锅内微冒青烟后，先放入咸菜煸炒爆香，再放入毛豆翻炒，放少许白砂糖，淋入适量水，焖 2 分钟。

④ 试尝味道，调至自己喜欢的口味，装盘。

（创新点：为增鲜，加些肉末或肉丝一同煸炒。）

3. 酸辣马铃薯丝

(1) 准备食材。

主料：马铃薯。

配料：青红薄皮辣椒各 1 个、食用油、泡椒 1 小袋、干辣椒 2 颗、盐、鸡精。

(2) 操作过程。

① 马铃薯去皮切丝（细一些为宜）。用凉水浸泡，再过几遍凉水，以去掉马铃薯丝上的淀粉，这样下锅翻炒时不易粘锅。将马铃薯丝焯水断生。

② 青红薄皮辣椒切丝，干辣椒切丝，泡椒切丝。

③ 热锅下冷油，放入青红薄皮辣椒丝并翻炒两下后，改大火，再放入处理过的马铃薯丝并迅速翻炒。撒少许盐，打个底味，继续快速翻炒。下干辣椒丝、泡椒丝、少许白砂糖、少许泡椒水（带有酸味）调味，继续翻炒。

④ 试尝味道，调至自己喜欢的口味。装盘。

这种做法的马铃薯丝，特点为脆爽而略带酸味，很下饭。

4. 海味黄瓜

(1) 准备食材。

主料：黄瓜、干贝、鸡蛋、木耳。

配料：葱花、食用油、蚝油、生抽、姜末、盐、鸡精（备用）。

(2) 操作过程。

① 木耳、干贝提前泡发。黄瓜去皮去瓤后，切滚刀块。准备好姜末、葱花。

② 先炒 2 个鸡蛋，装盘待用。（注意：锅一定要烧热透，鸡蛋才能膨胀而有香味。）

③ 热锅下冷油，下黄瓜块煸炒。2分钟后，倒入干贝（带泡发干贝的水）翻炒几下，焖烧3分钟。随后放适量蚝油，淋上少许料酒，加适量清水，盖过黄瓜即可，开大火烧开，2分钟后转中火，焖烧4分钟。其间，注意汤水勿烧干。装盘。

5. 糟货双拼（鸡爪、毛豆）

（1）准备食料。

主料：鸡爪、毛豆（都要选新鲜、饱满的）。

配料：料酒、姜片、白砂糖、糟卤、泡椒水、干辣椒丝、葱。

（2）操作过程。

① 毛豆剪去边角，洗净，焯水5分钟（不用盖锅盖）。捞出后，快速入冰水过凉，沥干水后待用。

② 鸡爪可用整只的，或改刀成小块。焯水去腥，过凉水，去浮沫待用。锅内放水、姜片、葱结、料酒煮沸，放入焯水后的鸡爪，煮沸。6分钟后，查看鸡爪是否酥烂，快速捞起，过冰水，待鸡爪冷透，沥干水待用。

③ 将处理好的鸡爪、毛豆码入冷藏保鲜盒或冰碗。撒上少量白砂糖（用于提味）、干辣椒丝，浇上糟卤、少量泡椒水，汤水没过鸡爪和毛豆即可。盖上盖子或蒙上保鲜膜，放入冰箱冷藏。第二天，糟货双拼即可装盘食用。

（三）"跟着季老师学做菜"第3期

本 帮 扣 三 丝

本帮菜有很多特色代表菜肴，如生煸草头、糟钵头、红烧素鸡、白斩鸡等，扣三丝是其中的一道。学会一些家常菜后，同学们也可以开始练习自己的进阶版本拿手菜了。

1. 准备食材

主料：火腿、猪肉、冬笋、水发香菇1只。

配料：葱、姜、料酒、盐。

2. 制作过程

(1) 食材处理。

隔天发好香菇。

火腿：选用250克左右的一整块，这样较易切丝。

猪肉：选用后腿肉，肥瘦分开。锅中加葱、姜、料酒等解腥材料，加水烧开。瘦肉在沸水中煮10分钟，关火焖熟。肉朦变白即可捞出。

冬笋：剥壳，处理干净。在沸水中煮8分钟，关火焖熟。

(2) 食材装配。

① 香菇去蒂，背面朝上，放在碗底。

② 根据碗的深度，选定三丝的长度。将火腿、猪肉、冬笋三种食材先切片，再切丝，备好三丝。将三丝码齐，规整地按扇面形状摆放进碗里（先放哪一种丝可自定）。若碗中央还有空间，须再放三丝食材，外加几根肉朦丝填满（这时不要求码放规整），准备去蒸制。然后，将三丝用手压紧实，不然蒸熟后倒扣时会坍塌。浇入少许煮过肉的汤水。

③ 蒸锅中加适量水，烧开后，大火蒸制三丝15分钟，关火。（小窍门：享用时再这样复蒸一次，口感会更好些。）

④ 用较深的大碗反扣在盛放扣三丝的碗上，迅速翻转，调整三丝的扣碗至大碗中央。先不揭开扣三丝的碗，加点开水，品尝汤汁的咸淡鲜味，调整到自己满意的口味后，将三丝扣碗揭开。

⑤ 上桌。

"跟着季老师学做菜"家庭劳动教育烹饪系列课程展示了家校共育劳动教育的风貌，欢迎烹饪爱好者多提宝贵意见，为课程的完善献计献策。

第二节

家长是劳动教育的"培育者"

2019 年，学校拓展"思敬"特色教师培养的内涵与外延，开启了"思敬"家庭教育研修模式，成为上海市家庭教育示范校。在学校的四年发展规划中，我们纳入了家庭教育相关内容，提出了家庭劳动教育总目标：依托"思敬书院"的平台，建立以学校为主导、家庭为基础、社区为依托的协同实施机制，完善家庭劳动教育机制。家校协同，开展家教指导工作。通过家长学校、家长会、家长开放日、家长导师团、邀请校内外名师开设讲座等各种家校沟通途径及多种研学形式，引导家长树立正确的劳动观，明确家长的劳动教育责任，提升家长的劳动教育指导能力与劳动教育素养。如此坚持下去，促进家长主动学习相关的家庭劳动知识，帮助家长更新家庭劳动教育观念，加强了家校合力，从而提高了学生的家庭劳动意识。

一、养成良好的劳动习惯

孩子大多数时候都有参与劳动的渴望，尤其是当他们开始有独立意识的时候，就会尝试自己穿衣服、洗脸洗手、自己独立去超市购物，甚至还想参与一些家长认为他们不可能完成的事情。父母勿对孩子过度保护而压抑了孩子动手劳动的愿望，须知良好的劳动习惯也是要从小养成的。家长正确的做法是要给予孩子更多的关心、支持与鼓励，学会放手让孩子独立去做。我们也应认识到，要培养孩子养成持续劳动的好习惯并非易事。家长要注意以下几点。

（一）让孩子对自己的能力感到自信

孩子参与家庭劳动，可以消除其对家长的依赖，增强他们的责任感，提升他们的自信心。青春期的孩子具有极强的荣誉感和自尊心。处于这个阶段的孩子心理上可能更渴望被看作大人。家长需要满足孩子的心理需求，要告诉孩子，参与家庭劳动不仅能锻炼自己的能力、减轻父母的负担，还会给家庭带来切实的帮助。家人可以有更多的可供自由支配的时间，能有机会加深亲子间的交流。家长不要因担心教孩子做家务很麻烦而阻止孩子动手，自己包办一切，这会在无形中挫伤孩子的劳动积极性，剥夺了孩子发展能力的锻炼机会，进而影响孩子的自信心。

（二）言传身教，做孩子的榜样

父母是孩子的第一任老师。父母的一言一行对孩子的发展有潜移默化的影响。家长要充分认识到孩子参与家庭劳动的重要性：它对于孩子形成优秀品德有着积极的促进作用，不但伴随他们的成长过程，而且对他们的人生发展产生重要影响。因此，在引导孩子热爱家庭劳动、培养孩子的劳动习惯时，家长要以身作则，为孩子做表率，成为孩子的榜样。

家长是孩子身边最适合言传身教的人选。平时父母乐于承担家务、热爱劳动的言谈举止，孩子耳濡目染。家庭成员对家务合理分工，让孩子也参与其中，让孩子对家庭劳动有正确认识，懂得每个家庭成员都有责任和义务为家庭付出。如果孩子在家庭劳动中遇到了困难，那么父母要提供切实的指导和帮助，勿简单地让孩子自己想想办法，实则搁置不管。父母要有耐心，亲自示范、指导，直到孩子能解决问题为止。只有让孩子熟练地掌握劳动技能，他们才会更有意愿去劳动。

（三）激发孩子的兴趣，提供合适的工具

青少年思维较为活跃，对精神文化生活的要求也较为丰富多元。在劳动中引导他们研究有趣的现象，能够引发他们的兴趣，激发他们动手探究的积极性。比如，在孩子整理房间时，家长可以引导孩子将自己用于学习的区域收拾成一个环境优美的读书角，将自己房间的床铺、沙发布置成一个温馨的休息区，孩子一定非常愿意尝试。此外，在劳动过程中，家长要根据孩子的具体情况来为他提供合适的劳动工具。这样，孩子劳动起来才顺手，才会乐意参加家庭劳动。同时，随着孩子年龄的增长，其劳动工具的配备也应作出相应的改变，家长必须提供给孩子符合其使用要求的工具，助其劳动事半功倍。

（四）让孩子自主选择

家长在带领孩子进行家庭劳动时，要注意循序渐进，劳逸结合，不宜急于求成，过劳过量。孩子的身体状况、耐心、能力各不相同，因而父母在安排家庭劳动任务时，应该充分考虑孩子自身的能力，布置给孩子力所能及的任务。这样，可以避免因任务超过孩子的能力范围而使得孩子无法完成，以致孩子产生抗拒劳动和畏惧劳动的心理。当孩子出于种种原因不想劳动时，家长也不要采用强迫的方式，而是可以和孩子一起对劳动事宜进行计划，作出合理的安排。比如，家长可以罗列出几项需要完成的劳动，并提出一些相关的要求，让孩子根据自己的能力和时间安排去自主选择何时完成、如何完成。这样，孩子有了自主选择权，会变被动为主动，去积极参与家庭劳动。

（五）尊重孩子的劳动，给予肯定与鼓励

如果孩子在劳动过程中动作慢、劳动效果差，或是出了点状况，如弄脏了衣服、烧糊了菜、摔碎了碗，那么此时家长千万不要抱怨，说一些数落孩子的话，而是应该帮助孩子分析出现问题的原因，并示范正确做法，进行耐心的指导。多一些表扬和鼓励，少一些苛求与责备，这样才能有效地激发孩子参与家庭劳动的内驱力。当孩子凭借自己的能力和努力完成劳动任务时，家长一定要有积极的反馈，及时给予鼓励，之后再视情况给出一些建议改进的意见。家长对于孩子的及时肯定，让孩子明白自己做的所有"小事"家长都看到了，也看到了他的努力和认真。我们每个人都渴望获得肯定，孩子也不例外。肯定和鼓励会对孩子养成好习惯起到正向的作用。在孩子参与家庭劳动的过程中，家长给予的鼓励能引导孩子更加关注劳动过程，激发出其自信心，将家长的要求转变为内驱力。家长尊重孩子，尊重他们的劳动成果，能让他们在劳动中有获得感，感受到劳动带来的愉悦，逐渐树立正确的劳动价值观。需要注意的是，家长的表扬和鼓励措施要得当，也要适度。不建议采用物质奖励，因为那样反而把孩子的自觉劳动变成了为获得奖励而劳动。

人生道路漫长，充满艰辛和挑战。父母不可能陪伴、照顾子女一生，也无法包办所有的事情。因此，家长如果真正爱护孩子，就要明白对孩子的劳动技能、劳动习惯、劳动精神、劳动安全意识的培养何其重要。在成长之路上，让孩子尽早热爱劳动并参与力所能及的劳动，培养他们吃苦耐劳的品质，让他们多掌握一些有助于立足社会的生活技能和劳动本领，这将使孩子受用一生。

二、设置科学的劳动计划

清单式、任务式的家庭作业能够让家庭、学校深度协作，有效地提高学生的劳动技能。学校在作业本的首页印制了家务清单，并在作业记录后印制了"家务完成情况"评价表，家校合作，共同考核和监督学生完成劳动计划。这看似在对惰性"做减法"，实则是对勤奋"做加法"。只有增强学生劳动的内驱力，才能真正让劳动教育落到实处。家长可以采取多种方法，无论是角色扮演，还是"一对一"游戏，都是在培育孩子的思想品德，培养孩子的劳动习惯。

（一）初中学段学生劳动清单

1. 六年级家庭劳动清单

（1）掌握基本的做饭技能：会简单地炒菜、煲汤；安全使用电饭煲；在父母的指导下能够完成较难的菜品制作；掌握部分鱼类、肉类和贝类的清洗技巧。

（2）掌握物品的归纳与整理方法：分类摆放书籍、衣物等家中的物品；了解衣物的基本洗涤方法并进行正确分类。

（3）掌握一些有难度的劳动技能：换洗床上用品；泡茶、制作蛋糕；根据说明书使用家用电器；学会至少一项手工技能，如布艺品的缝制、编织、钉纽扣等。

（4）具有愿意服务他人的精神：养成擦桌子、拖地、擦玻璃的习惯；能够完成饭前的餐具摆放，饭后收拾餐具并清洗；主动帮父母照顾老人或弟弟、妹妹。

（5）初步具备分辨能力：学会辨识蔬菜质量；主动查看家庭常用生活物品的使用日期、保质期，及时清理过期或变质的物品；愿意陪同家人购买常用的物品。

（6）具有定期养护动植物的意识：了解常见绿色植物、家养小动物的相关知识，学会为绿植浇水、修剪；喂养小动物并清理卫生。

（7）熟悉简单的健康卫生知识：掌握卫生清理的方法和步骤，熟练使用卫生工具；掌握通风、消毒等家庭防病知识；能自行测量体温。

（8）具备自我管理的意识：对自己的学习、生活进行管理；有计划地完成想要做的事；能够制定个人购书等开支计划、策划生日活动并发出邀请等。

2. 七年级家庭劳动清单

（1）学会做饭：能独立做饭；完成家庭日常烹饪、清洗工作。

（2）家务讲科学：宣传垃圾分类；对家中的物品进行科学的分类。

（3）操作有技巧：能把床铺整理整齐，衣物、书桌上的物品摆放有序；熟练完成一些手工制作，并有一定的创意；能装配简单的日常用品、小家具。

（4）有为他人服务的热情：养成摆放餐具、收纳物品的习惯；主动帮父母做一些力所能及的事情。

（5）辨识有深度：能够辨识生活用品的质量；能做好食材拣选、清洗的加工。

（6）种养有意识：能够通过查阅资料掌握植物养护和动物照管的相关知识，并能在动植物的整个生长期进行照料，从动植物的生长中收获劳动的喜悦。

（7）管理有计划：自主根据采购清单完成生活用品的购买；能够做好课余时间规划、家庭劳动计划；积极主持召开家庭会议。

3. 八年级家庭劳动清单

（1）做饭有水平：能够独立为家人准备午餐或晚餐。

（2）分类有章法：科学地分类家中的物品；主动参与社区或村庄的垃圾分类工作，宣传垃圾分类。

（3）行动有创意：定期整理床铺、衣物，书桌物品摆放整齐有序；能够运用自己的创意使生活更有趣；能够安装并维修简单的日常用品。

（4）服务有风范：主动帮父母、亲友做自己力所能及的事情；积极帮助社区、村庄的老弱病残人士。

（5）体验有收获：愿意跟随父母进行职业体验，尝试角色互换，感受生活的丰富性。

（6）养护有进步：掌握基础知识，学会种植花草并用来装饰家居，让自己的家更美。

（7）管理有规划：能够协助家长做好每周的家庭工作安排，实现家庭劳动有计划、有反馈、有总结。

4. 九年级家庭劳动清单

（1）做饭小能手：能够做出一道拿手好菜。

（2）操作熟练工：能够进行手工制作，熟练使用、操作手工工具，能安装并维修日常器具，如台灯等，并与同伴交流分享。

（3）服务勤记录：在家的时候积极分担家务劳动，尽己所能，关爱亲人；主动服务社区，帮扶老弱病残人士。用文章、照片等勤加记录，也可记录下周围劳动者的风采。

（4）体验多角色：在家时主动陪伴父母，与父母进行角色互换活动，感知生活辛劳和亲人的不易；在空闲的时候，关心家庭日常事务，给予理解，从而使家庭更加和睦。

（5）主动定计划：独立拟定一份节假日或家庭纪念日的家庭出游计划，并在游玩结束后认真做好总结与分析。

（二）高中学段学生劳动清单

1. 健康卫生：养成爱干净、勤清理、爱卫生的好习惯，正确操作家中的清扫用电器,熟练使用劳动工具,按照计划认真完成日常打扫工作,创造干净、舒适、宜人的家庭居住环境。牢固树立健康防护意识,了解并学会消毒、通风透气等常规的日常防疫方法。每天出门时戴好口罩。

2. 打扫卫生间:打扫应及时,合理使用清扫用品和用具。物品有序摆放,窗户要勤开,以便及时通风换气。时刻保持卫生间干净明亮、气味清新。

3. 内务自律:床铺整洁,书本分类合理,物品摆放整齐有序,时刻牢记保持内务整洁。

4. 整理桌面:上学前准备好学习用品,放学后将物品各归其位。合理收纳学习用品,用后及时将物品放回原处。桌子应该时常清理,要高效、有序、合理摆放学习用品。

5. 缝纫清洗:学会衣物的基本缝补和清洗方式。根据衣物洗涤说明标签,合理清洗衣物。练习基础的缝针技法,能够熟练缝补日常衣物,做到衣物整洁得体。

6. 营养烹调:学习保证饮食营养均衡的方法。在日常生活中,选取身边的食材灵活烹饪,学会采用合理的烹调方式创作自己的拿手好菜。树立营养均衡、健康养生的饮食理念。

7. 垃圾分类:日常生活中应该养成勤俭节约的习惯,减少自己产出垃圾的量。日常家庭生活中,应将垃圾合理分类,同时学会一些简单的手工制作,合理利用废品,牢固树立生态文明理念。

8. 种植花草:了解并学会一些花草植物的种植方式与养护方法。爱护家庭植物,承担养护责任。了解家庭植物的名称、特点等,合理规范地完成养护工作。

9. 排障维修:能够合理、正确地运用操作技能维修一些家用小型电器,熟练掌握工具的使用方法,了解工具的特点。应在有旁人观察、指导的安全环境下，进行排障维修工作，如电脑排障、拆装电扇等。

学生的年龄特点和自身的能力是设计合理的劳动教育课程的依据。科学的教育应该遵循循序渐进的原则，设定合理的梯度目标，对孩子劳动能力的培养是"螺旋式上升"的。为不同年龄段的学生提供不同的"劳动清单"，就是在设定劳动教育的梯度。如果我们按照这个劳动教育体系来开展劳动教育，那么学生接受的劳动教育就是全面的、完整的。

三、学生家庭劳动教育感悟

（一）做好垃圾分类，让生活更美好

小区里"垃圾分类，完善生活""垃圾分类，人人有责"之类标语虽随处可见，但我依然觉得垃圾分类是爸爸妈妈的事情。没想到的是，抱着事不关己想法的我也会和垃圾"亲密接触"。

为了让我参加家务劳动，爸爸妈妈把倒垃圾这个任务交给了我。

我草草收拾了一下垃圾，看看倒垃圾的截止时间差不多要到了，赶忙提着一袋垃圾出门。到了垃圾站，一看四下无人，我迅速提起垃圾袋，准备就近甩进垃圾桶。突然，负责垃圾分类的志愿者不知从哪里冒出来，阻止了我："小朋友，湿垃圾和干垃圾要分开来放。湿垃圾倒进湿垃圾桶，装湿垃圾的袋子要放进干垃圾桶。"她一边说，一边打开我的垃圾袋检查："这个湿掉的纸巾还是干垃圾啊，你这样不行，得重新分类。"

我怔住了。她便笑笑，"呼啦"一下把整袋垃圾放到了地上，自己蹲下来，用手在里面翻了起来。

我很不好意思。垃圾这么臭，她却一点不在意，迅速帮我分好类，还对我现场教学："垃圾分好类，可以回收利用。小朋友，下次可要分好类再扔啊！"看着她本来干净的手沾上了脏污，真是让人又敬佩又羞愧。

我连忙道谢："谢谢阿姨！我以后会注意给垃圾正确分类，不给您添麻烦！"

我一边往家走，一边观察着小区里的变化。我发现自从推行垃圾分类后，小区里的垃圾桶变少了。虽然只有一个定点垃圾站，但是小区的地面反而干净了。又想到做好垃圾分类，垃圾还能变废为宝，是一件节能环保的好事情，我的心里就不禁激动起来。这么好的事情，我一定要做好，还要把我的垃圾分类心得分享给爸爸妈妈！我相信，每天做好垃圾分类，会让我们的生活更加美好！

——X 同学

（二）环保节约，从我做起

垃圾分类在持续推行中，我们也从最初对垃圾分类懵懵懂懂，到现在对于各种垃圾分类谙熟于心。想到当初刚听到上海要实行垃圾分类的时候，我还是不情不愿的，因为我觉得这样操作起来特别麻烦，也看不出有什么效果。但参加了学校和社区组织的"垃圾分类伴我成长"主题活动后，我改变了最初的看法，认识到实行垃圾分类将增强上海市民环保节约的意识，还能达到湿垃圾减量化的目标。

入夏后，定时定点的垃圾投放规定让爸爸妈妈对于每天一垃圾桶的湿垃圾颇为头痛。上午的剩饭剩菜，到了下午就会有异味，有时还会引来虫子。于是，我建议按各人食量准备餐食，每人按需取餐，必须"光盘"。这样，家里的湿垃圾少了，垃圾桶就不容易产生异味、引来虫蝇。

我们家的日常生活习惯也发生了改变。吃饭时，我们不再把吃剩的小骨头包在纸巾里了。因为纸巾是干垃圾，而小骨头是湿垃圾，所以需要分开归类。为此，爸爸妈妈特意买来了几个骨盆。我们家一次性纸巾的使用率也降低了，我觉得这样做更加环保了。

作为家里的小主人，我还发起了一场"家庭大清理"。我和爸爸妈妈一起把小了的或不再需要的干净衣物、背包等纺织品类物品，无用的纸箱、草稿本、报纸、杂志等纸类物品，以及饮料塑料瓶、易拉罐等进行了整理、打包。我把纺织品类物品投放到了社区指定的回收站点，这些物品将会由社区工作人员统一安排处理，可能会捐赠给有需要的人。纸类和塑料、金属物品则投进回收机。这样做，既帮助了有需要的人，又使家里整洁干净了许多，也是为建设资源节约型、环境友好型社会贡献绵薄之力。

——Z同学

（三）垃圾分类小细节，生活方式大变革

吃个粽子竟也会给我带来烦恼。吃完粽子，我把粽叶扔进了家里的湿垃圾桶，可妈妈却说粽叶是干垃圾。我坚持认为，粽叶和树叶一样会腐烂，应该是湿垃圾。我们争执不下，只能上网查找资料——原来，粽叶虽是一种会腐烂的叶子，应归入湿垃圾一类，但因粽叶较长，容易缠绕在处理湿垃圾的切割机上，造成故障，故而管理部门认为目前不适合将粽叶作为湿垃圾处理。粽叶还是应该归入干垃圾，与之相类似的还有玉米衣、甘蔗皮等。这下我和妈妈的垃圾分类小知识又增加啦！

垃圾分类已经成了我们日常生活劳动的一部分。在这场生活新风尚中，我们每个人都是参与者、宣传者。"勿以事小而不为。"生活垃圾分类对所有人来说都是小事，但所有人都这样做，那就是生活方式的伟大变化！

——Z同学

第三节
家长是劳动教育的"促进者"

学校发挥在日常生活劳动教育中的主导作用，对学生的日常生活劳动进行强化。学校构建家庭劳动教育课程，完善考核评价体系和激励机制，扩大评优评先范围，推动劳动教育的有效开展。学校每学期举行颁奖仪式，由学校、家委会、学生代表共同考核，评选出家庭劳动先进个人。同时，每月举行的"家庭劳动分享会"能够加强学生劳动价值观的内化。学生在同伴的鼓励与他人的认可中收获劳动价值感，不断提升自我价值感，养成家庭劳动习惯，培养热爱劳动的高尚品德。

家庭要发挥在日常生活劳动教育中的基础作用。家长为孩子的日常生活劳动教育启蒙，家庭日常生活有机融入相关劳动内容，使学校的劳动课程与家庭劳动教育建立关联。劳动教育关键在于家庭，家长成为劳动教育的"促进者"，家校协同合力，才能为劳动教育提供条件保障，切实有效地开展劳动教育，推动劳动教育在家庭落细落实。

在协同育人格局下，家长优化了劳动教育观念，掌握了正确的劳动教育方法，提升了劳动教育能力，从而能够高质量地开展家庭劳动教育。以下的家庭劳动教育案例呈现了家长作为劳动教育"促进者"的努力与成效。

一、家庭劳动教育案例——培养劳动"小当家"

（一）案例背景

"童孙未解供耕织，也傍桑阴学种瓜。"热爱劳动是中华民族代代流传的美德。古往今来，劳动教育从娃娃抓起的观念深入人心。其实，劳动教育并非单纯地进行动手能力的培养，还包括引导孩子深入感受劳动之美，这对孩子的三观形成大有帮助。家长精心筹划，能让孩子对于劳动体验乐在其中、学有所获。

饮食能够激发孩子极大的渴望与好奇。劳动教育从教孩子做饭开始，等于抓住了生活教育的关键链条。孩子做"小当家"，决定并制作家庭的日常餐食，既可以满足孩子的好奇心与探索欲，将每天的饮食与大自然连接，又可以提高孩子的责任心，锻炼生活的本领，使其乐于通过劳动创造美好的生活。例如，有个 8 岁的孩子在父母的指导和协助下，在两个多月的假期中学会了做几十道菜，引来一片好评。"这是家庭生活教育的成功尝试，孩子学会做饭将终身受益，对其学习、家庭生活及社交都具有促进作用。""家庭生活教育中，做饭是生活的基本功。有些学校也教学生做饭，但孩子学做饭的最佳场所还是家庭，父母是最好的教练。"

劳动教育从教孩子做饭开始，策略上要根据孩子的不同年龄采取不同的引导方法。幼儿园阶段，以满足孩子的好奇心和动手欲为主，家长可以引导孩子进行搬运食材、择菜洗菜、准备碗筷等辅助性劳动。小学阶段，家长可以在密切的亲子交流中教孩子学做一些饭菜。中学阶段的青春期孩子有追求独立的倾向，家长可以从独立生活、自我管理的角度，鼓励孩子以学会劳动技能、掌握生存本领为荣。

家长不要认为孩子在中学时期主要就是拼学习，要意识到这是孩子离开家独立生活前的珍贵时光，让孩子学会劳动技能是给孩子最好的礼物。学会做饭，等于掌握了生活的核心能力，这是一种实践智力，有助于孩子理解大千世界的复杂关系，从而懂得独立、体验责任，进而获得幸福。

"三八国际妇女节"是一个契机，在学校的配合推动下，家长欣然参与孩子班级开展的"为妈妈做一道拿手菜"的主题活动。孩子通过家庭劳动为自己的妈妈送上节日祝福，拉近了亲子关系，培养了感恩意识，同时也锻炼了自己的生活能力。孩子积极参与家庭劳动，无论作品如何，对孩子和家长来说，都是最好的。孩子对于这次主题活动的积极性相当高，效果超出预想，尤其是一些平时在学习上不突出，甚至略显落伍的孩子，在本次活动中表现出色，呈现了自己在劳动中闪光的一面，收获了自信，这对于孩子将来的发展是非常有意义的。

（二）活动过程

第一阶段：准备工作。

活动时间定为一周。周一至周四为准备期，这几天孩子可以一边上课，一边做准备工作。不会做饭或做得不好的学生，可以提前向家长请教，多练练手。

第二阶段：完成作品。

周五晚上，是作品的制作完成阶段。每个学生自己独立完成作品，为妈妈送上一道拿手菜，同时邀请父母帮自己录像或照相。

第三阶段：作品展示。

完成作品后，学生整理好作品的名称、所需的食材、制作过程照片、视频等素材，附加文字说明，上传到班级群，进行作品展示。这是孩子们最有成就感的一个环节。班里所有的孩子都上传了自己的作品，比平时上交作业的积极性还要高。大家情绪高涨，纷纷为自己的同学点赞。家长也看到了孩子的成长，深感欣慰。有家长把大家的作品制作成图文并茂的"美篇"，让孩子的劳动成果被更多的人看见。

孩子们对这次活动意犹未尽。接下来的"五一"国际劳动节，可以继续安排"劳动最光荣"的主题活动。

（三）家长体悟

家庭教育的本质是生活教育，劳动教育是生活教育不可或缺的基本内容之一，忽视劳动教育是家庭教育的重大误区。

孩子面临学业压力，可供自由安排的课余时间比较宝贵。有些家长心疼孩子，不舍得让孩子做家务，觉得孩子只要学习就可以了，自己尽最大的努力，包揽一切家务劳动，以此作为孩子学习的后盾，期盼孩子有朝一日能够学业有成。可惜，常常事与愿违。在家长的这种理念下成长的孩子往往生活能力不强，抗压能力也比较弱，有时甚至处理不好人际关系，导致出现心理问题，最终不仅耽误了学业，还影响了整个家庭。

事实上，做家务不但能让孩子持续学习新的劳动本领，而且有利于孩子的身心不断发育和完善。做饭是家庭生活教育的关键环节之一，包含了丰富的教育内涵，具有育人价值。孩子可以在厨房里培养劳动安全意识。比如，了解刀具的正确使用方法、明白厨房中各种开关的用处、体验热锅的危险性等，避免在劳动中发生伤害事故。而认识多种多样的食材、学会不同食材的处理方法，则可以开阔孩子的思维。饭后，家长可以让孩子洗刷餐具，也可以让孩子参与垃圾分类，把劳动过程变为亲子交流的时光。

当孩子多学会一项劳动技能，便会多一份自信，这种感觉是任何奖励都无法替代的。以后，孩子能够将自己的生活打理得井井有条，具备独立生活的基本技能。毕竟，能真正伴随孩子一生的，不是父母的疼爱，而是自己的能力。同时，在劳动的过程中，还能让孩子体验团队合作，学会承担责任。这才是家庭劳动教育的真正意义。

二、家庭劳动教育家长感言——当好劳动"促进者"

（一）家庭劳动教育微感言之一

今天是"五一"国际劳动节，我收看了上海市教委德育处举办的"劳动教育，从家庭开始"在线专题讲座。三名导师用他们丰富的教育经验及生动的案例，为学生家长提供了指引。作为一个普通家长，我受益匪浅，认识到教育孩子劳动的确是需要智慧和方法的，理解了劳动教育不但是孩子成长的必修课，而且是一生的必修课，它对于父母培养孩子成才有重大意义。

就我的家庭而言，平时对孩子参与劳动还是保护过多，这值得反思。让孩子参与劳动，不仅能提高他的劳动技能，使其生活自理，还能提高他的综合能力。劳动能激发孩子的种种可能性，还有创造力、责任感。这些美好的事物意义非凡，能让孩子受益一生，对于他今后走向社会更是意义重大。记得有一次我生病了，我的孩子烧了番茄炒蛋给我吃，虽然称不上美味，但是让我看到他在劳动过程中得到了成长。他的主动担当，不就是今天导师所说的劳动教育的真谛吗？我领悟到，其实劳动的孩子在劳动过程中是有温度和情感的。回想起来，当初我应该给孩子更多的鼓励和帮助。

——Z同学家长

（二）家庭劳动教育微感言之二

人世间最美好的理想，是通过劳动来面对困难和解决问题。作为家长，我也会以身作则，尊重劳动，赞美劳动，和孩子一起开创美好的未来。

我参加了关于家庭劳动教育的家长课堂，收获很大，感觉内容特别有意义。嘉宾老师通过生动的案例，深入浅出地分析了劳动教育的必要性、家庭教育中容易产生的误区、如何进行家校社联动等。我意识到劳动教育不能局限于给孩子布置家务活儿，而是应该言传身教，树立榜样，大手牵小手，在劳动中融入亲子互动和感情的力量，培养家长和孩子一起面对问题和解决问题的能力，共同投身家庭、学校和社会形成合力的大环境，只有这样才能真正感受到劳动的价值和带来的快乐。

——W 同学家长

（三）家庭劳动教育微感言之三

本次家长课堂，我和女儿一起走进直播间，以这种方式度过一个不一样的"五一国际劳动节"。对于当下初中孩子的劳动教育，我们分享了很多受到的启发，提出了一些建议。

家长往往忽视家庭劳动教育对学生成长的影响。有一项持续多年的跟踪研究显示，相较于不喜欢做家务的孩子，喜欢做家务的孩子成年后的就业率更高，犯罪率更低。家庭劳动教育的重要性可见一斑，潜移默化中，它对于孩子未来获得幸福生活起到了一定的作用。

我们在家庭劳动教育中的确存在一些误区。劳动教育不是简单的生活技能的训练，也不是单纯的出力流汗的磨砺。那样做的话，孩子并没有体会到劳动的价值，也无法明白劳动的意义。而且，如今已步入人工智能时代，有不少家务可以由机器来替代完成。那么，是否还要开展劳动教育？其实，未来的世界更加考验一个人的劳动能力和劳动意识。"一屋不扫，何以扫天下？"人类在劳动中培养的创造性、情感、同理心、责任心，以及劳动的精神，这些都是机器所无法取代的。这已经不是孩子有没有掌握劳动技能的层面，更深层次的是孩子对劳动价值的理解，重要的是家长教育孩子如何看待劳动，要尊重劳动者和劳动成果，敬畏劳动。

通过专家的介绍，我和孩子明白了家庭劳动教育不只是一起做家务，家长还可以带孩子参与社区公益活动。初中学生对未来的规划、对职业的规划都是非常模糊的。我们可以结合孩子的兴趣，让孩子尝试浸润式的职业体验，有可能发现家庭劳动教育的新思路。目的是让孩子了解劳动的不易，知道职业的概念，了解责任感和合作意识，懂得什么是工匠精神。我们真正理解了为何说家庭劳动教育对孩子一生的影响很大。

家长首先要树立劳动教育的正确观念，走出目前存在的家庭教育误区。家庭劳动教育是需要我们去设计，去实践的。让劳动回归日常，回归经常，应该成为家长和学生的一种生活习惯。长此以往，孩子的成长必定会变得更加自律和健康。

——N 同学家长

第四章

社会劳动教育：
探索社会，且行且创新

社会是劳动教育的重要实施主体。社会劳动教育突出多样化，本书所言的社会劳动教育涉及丰富的劳动教育资源，是多元主体共同参与、动态创新的劳动教育组织方式。社会劳动教育是将关注焦点从课内校内转向课外校外，以劳动树德、劳动增智、劳动健体、劳动育美、劳动创新为目标，安排劳动实践，增强劳动教育的实践性、生活性、创新性，助力学生德智体美劳全面发展。

学校通过社区联动，拓宽学生的劳动实践视野，让劳动相关课程与活动不只是劳动教育的"知识加油站""技能练习场"，还是学生在生活中参加劳动实践的真实训练平台。与此同时，学校还组织学生参加"走进敬老院""农事季节我帮忙""禁赌宣传行动"等活动，建设学生的劳动实践平台。结合学生不同阶段的学习需求和成长需求，学校科学地设计校外社会劳动实践活动方案，积极开展主题明确、内容丰富、形式多样、具有吸引力的劳动教育活动，以正能量培养学生热爱劳动的习惯和集体主义精神等高尚的思想品德。

学校还精心设计了社会劳动教育作业，通过日常打卡、家长反馈、学生自我评价、学校评价等方式，激励学生在课余时间自愿参加社会劳动。每一学期末，学校基于社会劳动教育的开展情况进行交流研讨，同时做好相关资料的归档存档工作，并及时上报各项数据。学校还会表彰在社会劳动教育活动中评选出的"社会劳动小能手""社会劳动好少年"等。

第一节

依托高校资源，职业体验提升社会劳动教育

学校自 2005 年正式更名为上海第二工业大学附属龚路中学后，注重挖掘二工大特有的教育教学资源。在社会劳动教育课程与活动的实施中，学校依托高校优质资源，进行积极开发和整合，拓宽育人渠道，组织学生定期参访、体验高校特有的资源。学校也与高校共建创新实验室，建设创新人才实践基地，学生得以在创新实验室的社会劳动中体验研究创新科技。

对于初中阶段的学生，我们整合学校周边的社会劳动教育优质资源，鼓励学生走出校园、融入社会，学习优秀劳动者的劳动精神，涵养品格，并从社会劳动教育实践中汲取营养，实现知行合一。具体而言，六年级学生除了要参加基本的劳动活动之外，还要参加学校和社会的日常生活劳动，学习服务性劳动。学生要学会日常生活自理，还要积极分担家务。七至九年级的学生多开展志愿承担社会责任的社会公益活动服务劳动，在活动中学会与他人团结协作，以此提升学生的劳动知识和能力。学生要加强家政服务的学习，便于开展社区服务活动。适当参加一些社会生产劳动，有助于增强学生的社会责任感，培养他们吃苦耐劳的劳动品格。

对于高中阶段的学生，则要注重丰富其职业体验，适量加强一些创造性的劳动内容的实践。学校加强对劳动教育社会特色资源的研究，因地制宜地优化社会劳动教育资源配置，拓展劳动教育空间，让浸润式的

劳动教育环境与劳动教育课程相结合。以此增强学生的劳动认知，提高其劳动技能，努力实现全程育人、全员育人，达成劳动教育"育'全人'"的美好愿景。学校通过由"近"到"远"、由己及人的序列化递进设计，逐步推进和实施学生的劳动实践，让学生在劳动教育活动中掌握劳动技能，提升自身的社会劳动技术水平。

一、初中阶段社会劳动教育活动

"水资源保护"社会劳动教育实践

【活动背景】

众所周知，水是生命的源泉。在经济社会快速发展过程中，有时由于不合理的资源开发利用方式和生产生活方式，造成了生态环境问题。我们发现，生活中人们的水资源保护意识比较淡漠，主要表现为浪费水和污染水资源。水资源保护的出路究竟在哪里？为了建设人与自然和谐共生的现代化，这是需要整个社会普遍关注的。

【活动目的】

学校把劳动教育作为学生认知社会、服务社会、改造社会的有效载体，计划利用学生身边的现实素材开展科技社会实践劳动教育活动。坚持可持续发展，就要坚持节约优先、保护优先，正确处理生产生活和生态环境的关系，实现生产、生活、生态共赢。学校附近的张家浜淡水资源丰富。过去，它是本地居民主要的饮用水来源之一，现在还是本地用于浇灌田地的主要水域，是重要的水源保护区。学校组织七至九年级学生参加持续一个季度的调研实践活动，了解水源保护区的水资源保护现状。劳动教育是培养学生提升解决问题能力和创新创造能力的重要途径。学校整合高校资源、社会资源，安排此次社会劳动教育实践活动，完善了节约用水、用水安全等方面的教育，使学生了解水资源保护的重要性和紧迫性，懂得怎样从身边的小事入手保护水资源，积极思考并行动，明确自己责无旁贷。通过这类社会公益性、服务性劳动的教育内容，让学生能够充分利用新的知识、技能、工具、设备等为他人和社会提供服务，强化社会责任，培养良好的社会公德。

【活动过程】

1. 确定活动内容

劳动教育活动要将理论与实践相结合、认知与探究相结合、动脑与动手相结合。本次社会劳动教育实践活动以"水是生命之源——水资源保护"为主题，以多种实践活动为主体，让学生亲身参与，动手动脑，积极实践，并以自己的行动传导到水源保护区群众，带领大家行动起来，保护水资源。学校根据各个年龄段学生的特点，制定切实可行的整体活动计划，引导学生开展实践活动。学生分小组有目的地进行调查，做好记录，整理资料，加以分析归纳，总结出问题所在，积极采取措施，尝试加以解决。

2. 整合活动资源

（1）活动场所：川杨河、周边村落、学校实验室。

（2）资料：有关健康用水、保护水源的资料，学校图书室的相关书籍，网络教育资源，相关法律法规。

（3）器材：学校实验室的相关仪器。

3. 分阶段开展活动

学校从多方面多角度设计师生易于接受的社会劳动教育科技实践活动。活动的预期呈现方式为结束时展示学生的活动成果，包括学生通过调研完成的科技小论文、调查小报告、实验观察结论、科技小创造、搜集的相关资料、宣传标语的设计等。水资源保护活动要达到预期成效，还要重视学生提出的有效、合理建议，敦请学校家长委员会的委员与本地居委会干部通过正常途径向有关部门反映意见，提出有针对性的建议，努力解决实质性问题。

（1）前期知识准备阶段

学校以年级为单位，组织学生利用网络教育资源，收集关于水资源保护的信息。班级举行水资源保护主题班会，配合黑板报等，在学生中深入开展节约用水和保护水资源的常识教育。

学校展开节约用水指导活动，鼓励学生踊跃参加，利用主题宣传栏、绘画等方式传递自身的感悟。

学生开动脑筋，积极思考如何展开节省用水、保护水资源的实践探索，并学习撰写考察调研小报告。

各班采用主题班会的形式交流学生撰写的活动前期调查小报告。汇总小报告后，整理出大多数学生关注的问题。

（2）活动实施阶段

水资源保护势在必行。在农村生活的师生能够清楚地感觉到，农村的环境质量不但直接影响农村的生产与生活，而且与整个环境与资源保护有着重要关联。然而，有些地方还存在环境污染问题。农村地区主要有农业生产过程中产生的农药、肥料、塑料薄膜等环境污染，养殖业产生大量畜禽粪便污染水体，乡镇企业治理措施不得力所产生的工业"三废"不合理排放造成农业用水污染，基础设施建设和环境管理滞后产生的生活垃圾、生活污水污染，等等。"保护生态环境就是保护生产力，改善生态环境就是发展生产力。"近年来，国家高度重视环境与资源保护，采取了很多有效措施，进行综合整治，取得了很大成效。全民动员保护环境刻不容缓。学生充分认识到，要保护好水资源，需要全社会的共同努力。他们以充沛的热情投入了此次社会劳动教育科技实践活动。

学校邀约高校专家到校进行有关常识授课，邀请居委会干部来校介绍本地水资源保护现状，组织学生观看关于水资源利用和保护的宣传片并交流观后感。各班运用主题班会、主题黑板报等诸多方式宣传水资源保护。

学校依托高校优质资源，开发出小型净水器和化验设备。学生在实验教师的指导下学会操作，认真做好实验。学生变身"水资源保护调查员"，展开一系列水资源考察活动。学生携带器皿采集水样，到学校后利用显微镜等实验设备观测水源微生物的主要成分，认识身边水资源的真实状况，分析主要的污染因素与影响因素，然后结合相关信息来研究如何有效治理。学生还采集水库周边的农作物样本，在实验室中观察其根、茎、叶等的生长情况，做好观察记录，研究水资源对其的影响，并探究解决问题的方向。学生积极思考，发挥创造性，提出解决方案，培养分析问题、解决问题的能力。

由于涉及农村地区开放水域，学校对学生进行了劳动安全教育。活动期间，学校做好水域应急救援计划，联合社会力量，加强巡查管控。学校的活动领导小组成员专门带领学生进行调查实践，确保学生的安全。此外，教师带领学生走访本地居委会，了解情况，开展实地考察等调查活动。

教师指导学生完成观察日记，记载自己在活动中的所见所闻所感，以此为素材，写成科技小论文。学生还向学校和居委会提出水源周边的卫生整治建议，力争取得一定成效。学生之间交流分享，确定合适的内容，制成面向公众的宣传单，担当"水资源保护宣传员"，推动问题的解决。

经过社会劳动教育调研实践活动，学生总结出一些保护水资源的措施。比如，建立起水资源危机意识，自觉节约用水、合理重复利用水；

加强对工业废水等排放的管控，对生产、生活污水进行有效防治；宣传普及相关法律法规，动员全社会保护水资源；等等。

（3）活动成果展示阶段

各班成立"水是生命之源"——水资源保护调查成果展示活动小组。在班级中展示学生调查和解决问题过程中的图片、学生撰写的宣传语等。教师指导学生撰写科技小论文。学校举行全校性的家长会，展示学生完成的调查成果，并就活动的过程与结果向家长、居委会干部作报告，也对周边的居民进行宣传，力求"以小带大"，有效地处理问题。此外，学校还在网上发布学生的活动成果，并将其中的优秀成果编入了校本劳动教育课程资源库。

【活动评价】

学校以多种评价方式检验学生社会劳动教育调研与科技实践活动的成效。比如，举行学生科技小论文的评选，邀请区团工委、居委会和家长等评价此次社会劳动教育活动的效果。

【活动成效】

通过此次社会劳动教育调研与科技实践活动，教师和学生增强了保护水资源的意识。学生踊跃参加活动，理解了社会劳动教育科技活动的意义，活跃了思维，对活动环节有了更多的了解、更深的认识，在诸如资料搜集、访问调查、现场调查、实验求证、分析总结等方面得到了锻炼，激发了探索精神，加强了合作意识，有效地提高了创新能力。学生在活动中深入了解家乡风貌，积淀知识。

此次活动也丰富了学校社会劳动教育活动的内容，增加了学校指导学生参加更多健康有益的科技实践活动的经验，有利于推动今后活动的开展。

二、高中阶段社会劳动教育活动

"明天你也会是劳模——'大国工匠'进校园"
社会劳动主题教育

【人物介绍】

包起帆是从码头工人成长起来的教授级高级工程师，是港口装卸自动化的创新者。他带领团队技术创新，完成了130多项技术创新项目，获国家发明奖3项、国家科学技术进步奖3项，获巴黎、日内瓦等国际发明展金奖36项。他连续五届荣获"全国劳动模范"，两次获得全国"五一"劳动奖章，被评为全国优秀共产党员、全国道德模范，入选"100位新中国成立以来感动中国人物"，2018年被授予"改革先锋"称号。

【活动对象】

高一、高二年级全体师生

【活动目标】

1.通过了解劳动模范在平凡的岗位上所做出的不寻常的事迹，使学生发现劳动的意义和社会价值，获得"三百六十行，行行出状元"的感悟，懂得劳动者只要想在报效祖国、服务人民的人生中有所作为，就要孜孜不倦学习、勤勉奋发干事。只要劳动者热爱本职工作，都能做出优异的成绩。激发学生热爱劳动和劳动者的思想感情，树立以积极劳动为荣的观念。

2.学生通过学习"大国工匠"劳模事迹的活动，感悟"科技是第一生产力"，懂得劳动观念不仅体现在从事体力劳动上，还体现在学习科学文化知识的脑力劳动上。自觉地在劳动中培养基本的劳动技能，学会手脑并用，提高创新能力。

3. 了解劳模的奋斗历程，培养学生的社会责任意识，敬业奉献、敢于创新、勇于开拓的劳动精神，激发学生成为时代接班人的觉悟，唤起学生奋发进取、争做明日劳模的情怀。

4. 感悟劳动创造了美好生活，培养学生就就业业、诚实劳动的高尚品格，养成珍惜劳动成果、勤俭节约的良好品行，引导学生养成不怕脏、不怕苦、努力奋斗、进行创造性劳动的劳动习惯。

【活动内容】

1. 校长介绍学校办学理念，以及劳动教育的意义和目的。

2. 包起帆教授作题为"不忘初心、牢记使命、乐于奉献"的主旨报告，以勇于担当、拿起"烫手山芋"、啃"硬骨头"、使命支持、甘于奉献这五个方面作为主要内容，讲述个人工作成长经历中的一些典型故事。包起帆教授回顾了扎根基层、艰苦奋斗、潜心创新的奋斗经历，并通过"起重机变截面卷筒""抓斗"等一个个小故事，表明了"不忘初心搞创新，牢记使命乐奉献"的决心。

3. 学生与劳模互动，谈体会感悟。包教授向学生提出了三个热切的希望：一是要有愿意奉献、服务人民的信念；二是要继承发扬劳模精神、工匠精神；三是要有不断创新进取、勇攀高峰的行动，为实现中华民族伟大复兴的中国梦贡献力量。

4. 书记作总结：学生要有使命感，要学习劳模，以后争做劳模。

【活动拓展】

包起帆教授把40多年来获得的所有金牌、奖状、奖杯、证书，以及创新的所有原始资料全部赠予上海第二工业大学，建立"包起帆创新之路展示馆"，这也是全国第一个以创新理念、创新方法、创新智慧为主题的展示馆。

1. 为了进一步激励学生，带领学生参观二工大及"包起帆创新之路展示馆"。学生完成学习任务单。

2. 利用班会，学生交流体会、感悟等，进行活动的自评与互评。

3. 化感悟为行动，举行"今天我是小劳模"活动。学生利用休息日的时间，在家庭、社区或企业单位等进行劳动或服务。

4. 开展"致敬劳模，永远前行"展示活动，利用黑板报、展板等展示学生的优秀作品。同时，开展劳动教育主题演讲、劳动比赛等活动。

【活动评价】

以过程性评价为主要方式，包括自我评价、相互评价和综合评价。依据学校劳动教育活动各项要求的目标达成度确定评价的内容，主要包括活动的参与度、体会与交流、劳动技能的习得与提高、劳动品质的培养等方面。

【活动反思】

劳模进校园活动效果很好。包教授用真实的故事和朴素的语言，让学生明白劳动者应该建立什么样的劳动观念、培养怎样的劳动能力、具备怎样的劳动品质与习惯。在聆听包教授的讲述后，学生被他的责任意识、工匠精神、家国情怀深深地打动，巩固了爱党爱国爱人民爱社会主义的核心价值理念，增强了历史使命感，以及奋勇创新、服务人民的理想信念。

听讲座只是开始，后期还要开展一系列活动。这是由于劳动教育只有常抓不懈、日积月累，才能培养起良好的劳动习惯，牢固树立正确的劳动观念。有感悟，更要有行动，让学生经常在劳动中出力流汗，才能使其磨炼出坚强的意志。同时，学校把活动成果向外推广，实现资源共享，才能提高劳动教育的社会效益。

第二节

整合社区资源，志愿服务创新社会劳动教育

　　学校在日常运行中渗透社会劳动教育，大力开展与社会劳动有关的趣味小组、社团、俱乐部活动，积极组织学生进行社区卫生清洁、社区绿化美化、农作物种植等志愿服务劳动教育活动。学校整合社区资源，建设了社会实践签约基地和迷你劳动教育实践基地，为培养劳动创新教育活动提供了强有力的保障。依托已有的社会实践签约基地和迷你劳动教育实践基地，学校积极利用各类社会劳动教育的机会，创新开展社会劳动教育主题活动。这些活动与文明城市建设有机结合，学校指导学生搞好班级与校园环境卫生。在学校内外，通过组织"文明一起走"等志愿者活动，采用卫生评比、优秀劳动者评选等方式，提高学生的社会劳动意识和社会责任感。同时，学校结合已有的"发挥劳动教育综合育人功能的实践研究"等课题的实际研究需求，加快丰富劳动教育的形式与载体，指导中学生建立正确的劳动观点，提升社会劳动素质。学校充分利用社会"大教室"资源，足量投入，积极开展社会劳动教育活动。

一、职业体验，感受现实人生

　　社会是个大课堂，劳动教育活动的实践离不开社会。寒暑假期间，学校继续组织开展"跟着爸妈去上班"职业体验日活动与各种社会志愿者行动。学生用拍摄微视频的方式记录其过程。开学之后，学生分享各

自的经历与感受。学生家长也利用双周周五的班会课时间，走进教室，开设家长微课。通过这些体验，学生可以对社会上的各种职业有真实而深入的认识，了解家长劳动的辛劳，见证家长工作上的努力。

（一）初中阶段社会劳动教育活动

"跟着爸妈去上班" 职业体验日劳动教育活动

【活动背景】

在"求真返璞，乐业齐贤"的办学理念指导下，作为上海市普通高中生涯教育试点项目学校，学校致力于践行生涯教育，培育学生的健全人格，关注学生的个性化发展，促进学生全面发展和终身发展。

学校富有创新性地将一系列生涯教育实践体验活动与社会劳动教育有机融合，促使学生加强自我认识，体会不同的社会角色与不同职业的专业素养要求，学生在实践体验活动中培育合作能力、学习能力与适应生活的能力，加强社会认知、社会理解与社会使命感。学生更加了解社会上的各种行业的工作情况，因而更加敬重各行各业的劳动者，提升了生涯规划意识，促进了劳动能力的培育和发展。

【活动目标】

学校利用寒暑假，开展"跟着爸妈去上班"职业体验日劳动教育活动，丰富学生的假期生活。通过本次活动，孩子得以近距离了解父母的工作，理解劳动的价值与意义。在孩子体验父母工作生活的过程中，不但使亲子关系更加亲密，而且孩子对各种职业有了初步的了解，为未来的生涯规划与发展奠定了基础。

【活动过程】

1. 在假期中任选一天跟随爸爸或妈妈（或其他家人）去上班，并记录相关内容。比如，上下班的时间、工作内容、家长的职业、上下班路上花费的时间、使用的交通工具、工作内容、自己的感想和收获等。

2. 跟爸妈去上班时，家长用照片或微视频记录学生的参与情况，并从中挑选一部分上传给班主任。

3. 参与活动后，学生完成活动记录表。

【活动收获】

今天，我来到了妈妈工作的公司，坐在了妈妈的旁边。妈妈的同事对我很好，还送我东西吃。八点半，大家开始工作，工作的内容是把零件装箱。我先看妈妈作装箱示范。妈妈拿出盒子，把零件装在盒子里，接着把盖子按在上面盖好，最后用绳子把盖子固定好，就完成了。于是，我照着妈妈的做法，自己试做起来。一开始，我做得不太好，妈妈就细心地帮我纠正。慢慢地，我就做得熟练起来了。工作间隙，还拍了我和妈妈一起工作的照片。之后，我帮妈妈把上午的任务做完了，很开心。中午，在公司里吃好饭，我就要回家去了，真是舍不得呢。感谢学校的这次活动，让我体会到了劳动的快乐！

——W 同学

寒假作业里有一项"跟着爸妈去上班"的活动。我和妈妈商量好，我跟她一起到她的单位上一天班。

早上 9 点钟，我们到达了目的地——美甲店。我帮妈妈打扫起店里的卫生。30 分钟后，我就觉得腰酸背痛了。打扫完，妈妈安排我在一张桌子前坐下，让我帮忙招待客人，帮她们挂好外套，准备好供她们喝的茶水。由于时值新年前夕，有很多姐姐、阿姨过来做美甲等装饰。我刚招呼好一个客人，很快就来了第二个、第三个，客人几乎是络绎不绝。

我本想妈妈的工作肯定是比较轻松的。但是，在跟妈妈上班的这一天中，我看到的是她不停地给客人做美甲、美睫，连中午饭都不能及时吃。看妈妈这么忙，我就拿起她的手机，帮她和同事点了她们喜欢的中饭，也给我自己点了一份。吃着中饭，我不仅感慨妈妈工作赚钱的不易，也深深觉得我应该努力学习，将来可以从事自己喜爱的工作，不仅可以报答父母，也可以为我们这个社会作出自己的贡献。终于到了下午五点半，我可以"下班"了。但妈妈今天的生意特别多，估计需要加班到十点钟。妈妈真是辛苦了！

——Y同学

这次活动，我感触很深。在跟父亲一起工作的这一天中，让我体验了一次生活，促使我思考以后的人生道路。在这一天里，我跟父亲学会了如何给客人洗头、如何吹头发，还初步学了如何剪头发。我知道了一些剪发工具的用法，还体验了一次帮假发模特头剪头发、吹头发和洗头发。我还知道了各种品牌染发膏的不同颜色和型号。我帮父亲扫了一天的地，还学了如何经营一家店。父亲的理发店里，虽然工作量不算大，但是每天要做的事情却是数不胜数，每个星期还要去进货。每天早起晚睡，使得父亲有着浅浅的黑眼圈，眼里有红血丝。结束一天的营业后，每晚还要把整间理发店的地面用拖把拖一遍，然后才能关门睡觉。跟着父亲上班，我感受到了他的辛苦和付出。从这一刻起，我立志要上好学，一定要为父母争气，以后也要好好工作。

——H同学

妈妈在服装店工作，一大早就要去店里上班。外面很冷，但妈妈一到就会马上擦玻璃、拖地板，做好开门营业前的准备工作。今天我和妈妈一起上班，就帮妈妈擦玻璃，妈妈则负责拖地。干完这些活儿后，妈妈让我帮她把要售卖的衣服整理好。我整理完衣服，妈妈把这些衣服上架。只要有客人来了，妈妈就会马上招呼好这些客人，介绍商品，忙前忙后。如果客人要的衣服店里没有，妈妈就会通知管仓库的老师傅把衣服送过来。不过，有时候老师傅找衣服花了一些时间，送衣服过来晚了，老师傅会向客人道歉，客人也能理解。有时候客人要的衣服，前面货架上没有，我会帮妈妈去店后面把需要的衣服拿到前面。客人把衣服买走了，我就帮妈妈把被翻乱的衣服整理好，等待下一位客人。晚上，店里下班了，我就再一次帮妈妈擦玻璃、拖地板。我觉得妈妈上班很辛苦，我一定要帮妈妈多做事情。

——L 同学

第一次去妈妈工作的公司，我就被要求像其他员工一样，上台作自我介绍。刚开始的时候，我还挺紧张。但跟着大家做完早操后，我心中的紧张感就消失了，随后便从容地上台作了自我介绍。在早会上，领导会宣布每个业务室前一天的业绩，并给予点评和鼓励。从早会里，我看到了朝气和干劲，寻思在开完会后大家会更加努力地开始一天的工作。慢慢地，我熟悉了妈妈的工作环境，体验起她做的日常工作。工作中的妈妈有条不紊地处理事情，忙碌而充实，还抽空为我简要介绍工作内容。妈妈的同事也都各司其职。

这次活动让我知道自己现在最需要的是一个良好的学习环境，而不是一个供表现的舞台。我们对社会的了解很少，需要学习的知识还有很多，因而要在人生刚起步的时候积累一些能力。唯有如此，人生道路才会走得更顺利、更出彩。这次劳动体验不仅锻炼了我的合作能力、劳动能力和生活适应能力，还增强了我的社会意识和社会责任感。

——M 同学

【活动评价】

这次活动让学生体验了家长的日常劳动，开启了他们对于自身未来职业的想象之门。活动评价方面，主要引导学生进行自我反思性评价，关注学生的劳动体验过程，以及学生在探究过程中形成的情感、态度、价值观、综合能力等。同时，鼓励家长、家长的同事等也参与活动评价。在"跟着爸妈去上班"职业体验日劳动教育活动后，学校要求学生认真填写活动后调查问卷，除了记录活动过程、主要工作内容，重点关注学生的收获和感想。

【活动成效】

学校组织学生在寒暑假中跟着爸爸妈妈或其他亲人上几天班。通过参观、调查、参与实践的方式，让学生得以接触社会，体验各种职业领域与工作岗位，体会普通劳动者在平凡工作岗位上的不平凡贡献。学生感受到父母劳动的艰辛，以父母为榜样，更加珍惜当下的幸福生活，牢固树立劳动价值观。

有的孩子跟随爸爸妈妈来到田地、菜园、大棚中。他们学着爸爸妈妈的样子，翻地、播种、浇水、采摘。一天下来，即使天气寒冷，汗水也浸湿了他们的衣服，还将滋养他们的心灵，让孩子深切体会"粒粒皆辛苦"的内涵，也真切地理解了爸爸妈妈的辛苦。

有的孩子来到工厂，帮爸爸妈妈搬运货物、动手拧螺丝。有的孩子来到花店，帮忙浇花、卖花。有的孩子来到养鸡场，清扫鸡舍，给鸡添加饲料。有的孩子来到饭店，收拾客人餐后留下的碗筷。有的孩子来到装修店，给工作中的爸爸递工具、打下手。有的孩子来到服装店，帮妈妈清扫、整理衣服。有的孩子来到快递站，帮爸爸送快递。有的孩子来到蛋糕店，帮妈妈做甜品。有的孩子来到洗车店，帮助爸爸一起洗车。

经过一天的工作，孩子感触颇深，见证了劳动者的风采，也明白了读书学知识、劳动实践的重要性，各行各业的劳动都离不开专业知识和技能。"下班"后，孩子拿起笔，将自己这一天的经历与感触记录下来，并加以总结、自我评价。相信这一天的"上班"会给孩子的人生留下浓墨重彩的一笔。

播种未来，梦想会发芽。梦想成长，幼苗更茁壮。"跟着爸妈去上班"职业体验日劳动教育活动丰富了孩子的成长经历，让孩子通过职业体验发现自身兴趣，提高综合素质，培养劳动精神，增强社会责任感。

社会是劳动教育的大学校。在职业体验日劳动教育活动中，学生独立开展工作，主动探究问题，自主解决问题，锻炼了动手、动脑、与他人交往等多方面的能力。学校愿为孩子创造各种劳动教育的机会，让他们去实践、去挖掘、去成长、去发展，从而帮助孩子们培养劳动精神、锻炼劳动技能，开阔眼界、开拓思路、开发潜能、开启智慧，种下梦想的种子，留下美好的回忆。

（案例提供者：褚玉英、陈研）

（二）高中阶段社会劳动教育活动

"小记者"社会劳动实践活动

【活动背景】

"小记者"社会劳动实践活动是上海文广集团为青少年组织的公益活动。这一活动依托媒体的社会资源，为青少年学生提供媒体素养教育、社会劳动教育实践的平台。在丰富多彩的"小记者"实践活动中，学生深入社会生活，开阔了视野，增长了见识。学生的社会劳动实践空间得到了拓展，综合素养得以提升。

【活动目标】

围绕"讲好中国故事，传播好中国声音"的使命，以青少年自己的视角讲述身边彰显劳动者风采的故事，诠释"劳动最光荣、劳动最崇高、劳动最伟大、劳动最美丽"的奋斗幸福观，发出自信自强的声音，展示上海青少年的形象。

【活动过程】

媒体组织"小记者"参加专业素养的培训和系列采访活动。在去电视台和广播电台学习采访的过程中，学生惊喜地发现，电视节目的制作流程竟然与自己参加过的综合实践活动的研究过程是一样的：收集相关资料，根据资料做好准备，采访有关专家，进行调查，编辑加工，形成稿件，等等。

收集资料和撰写报告的整个过程，既能激发学生的好奇心和求知欲，又能塑造其正确的人生观与价值观，还能弘扬劳动精神，教育引导学生崇尚劳动、尊重劳动。在多样化的主题实践活动中，社会劳动教育与"小记者"的采访、写作有机地结合，帮助"小记者"丰富社会劳动体验，提高社会劳动能力，深化对于社会劳动价值的理解。"小记者"社会劳动实践活动主要以采访报道的形式，介绍各地开展劳动教育的实践和经验。

1. 专门设计的劳动故事主题采访

（1）采访各地劳动模范，与劳动模范近距离接触。了解劳模的故事，观察其高超的技艺。弘扬劳动精神，鼓励大家成为新时代的奋斗者，敬业爱业，长大后能够辛勤劳动、诚实劳动、创造性劳动。

（2）采访自己身边的普通劳动者，寻找"最美劳动者"。采访对象包括农民、工人、快递员、公交车司机、医护人员等。挖掘他们的感人故事，树立劳动光荣的观念，培养当代青少年的社会责任感。

2. 结合学校"节文化"的社会劳动主题采访

《大中小学劳动教育指导纲要（试行）》提出了"在校园文化建设中

强化劳动文化"的劳动教育途径。"小记者"社会劳动实践活动结合植树节、国际劳动节、中国农民丰收节、护士节、教师节等节日，学雷锋纪念日、国际志愿者日等纪念日，实施各项社会劳动主题采访活动，尽力发扬"劳动光荣，创新优秀"的校园文化。

学生的劳动教育社会实践还结合了线上构建的社会劳动职业体验课堂。知名院士、教师、记者、主持人等社会各界人士，覆盖了教育、科技、健康、体育、娱乐等多个领域，在各大平台面向全国人民举办讲座，开展直播授课，分享自己职业生涯中的经验。"小记者"则对他们进行线上采访，在实战中锻炼胆量，提升素质，开拓视野。

为了拓宽"小记者"的眼界，让他们更广泛地了解各行各业的劳动者风采，学校与有关科研院所、大学、机构等共同设计，整合独具特色的实训实习场所、设施设备等平台资源，充分利用现有的开放共享的综合实践基地，将其作为社会劳动实践场所，策划组织了"一带一路"形象大使采访体验营、上海体育学院体能测训暨世界冠军采访营、上海戏剧学院表演体验暨舞蹈名家与明星采访营、上海同济大学建筑学专业特色体验暨采访营、上海海事学院航海体验暨将军采访营等特色活动，满足学校多样化的社会劳动教育实践需求。

【活动总结】

"小记者"社会劳动实践活动形式不拘一格。"小记者"可以通过观看记者采访的视频来感受采访环境，初步了解记者的工作需求与采访要求。通过观摩，"小记者"清楚了新闻报道的作用、基本结构和表现形式等，知道新闻图片可以作为重要的新闻事实补充记者的文字报道，了解图片与新闻报道两者的内在关系。"小记者"通过学习，报道生活中的人或事的时候能够"图文并重"，选取恰当的材料编写、创造自己的素材本。"小记者"社会劳动实践活动也可以采用"小组分工、设计提问、现场采访"的形式。学生事先明确采访计划与任务，体会和同伴合作采访的快乐。在此实践过程中，"小记者"主动尝试与他人充分交流，培养了一定的社会交往能力。

二、走遍社区，全方位"工匠"体验

学校每年组织初中阶段的学生参加乐学乐教、动手动脑的职业体验活动，送他们走进70余所职业院校的实训基地（中心）。学校鼓励学生开展"小小社区，体验大大社会"社区劳动教育体验活动。社区牵头，提供"小保安""小清洁工""小快递员"等众多社区劳动岗位，供学生自主选择体验，以此提升学生的综合素养。

学校帮助高中阶段的学生树立正确的职业观、劳动观、人生观，鼓励学生到社区周边的单位去体验不同职业的特点和工作要求，培养热爱劳动的思想、吃苦耐劳的精神和对工作的责任心，体会"工匠精神"，养成踏实、勤奋、精益求精的劳动习惯，培育实践创新的意识与能力，促进学生全面发展和健康成长。学生经过这样的劳动教育实践活动，形成了个性化、有兴趣、主动选择的个人职业愿景。社区劳动教育职业体验活动采用小组合作模式，每组由一位岗位基地导师、一位社会实践活动导师及一位助教负责，进行活动全程跟踪记录及监管。他们在确保学生安全的同时，指导学生完成社区劳动教育职业体验任务。学校坚持组织高中二年级学生参加为期一周的农村劳动，形成惯例。寒暑假期间，学校加强与社会的联系，积极利用社会资源，开展各种社会劳动实践活动，让学生深入企业单位、基层社区等，积极参加就业实践、技能培训、惠农服务等活动，构建大中小学校纵向衔接的社会劳动实践链。

（一）初中阶段社会劳动教育活动

1. 尽职的社区安保人员

【活动背景】

在以往开展社会劳动教育实践活动的基础上，"社区安保岗位体验活动"丰富了社会劳动活动细节，新增了体验感、教育性更强的校园急救和火警救助等环节，使得学生有机会走近社会发展的一线。

【活动内容】

1. 体验小区安保人员的站岗与巡逻工作，学习如何"全副武装"、在紧急情况下如何采取有效措施，亲身体会社区安保人员的日常工作。

2. 活动结束后，学生与安保师傅一同在食堂用餐。大家在结束辛勤工作、享受美味饭菜的同时，围坐一桌，畅聊彼此的生活、学习和工作，加深了对彼此的了解，也对安保职业有了更深的理解。

【活动总结】

学生在活动中加强了对社区安防监控系统和应急预案的熟悉程度，认识到自己能有和谐美好的生活环境，多亏了社区安保人员一丝不苟的付出，对安保师傅的劳动精神有了直观的体会。

2. 辛勤的城市四季"美容师"

【活动背景】

无论春夏秋冬，每个黎明，城市总是在一阵阵"刷——刷——"声中开始崭新的一天。众人还在休息时，环卫工人已开始了一天的工作。他们用勤劳的双手清洁、美化人们的生活环境。扫帚是他们的"画笔"，城市这幅巨大的画离不开他们这些城市四季"美容师"。劳动是光荣的。

【活动内容】

1. 开展清扫、收集落叶的活动，争当"小小城市美容师"。那些无数次走过的小区街道、熟悉的一草一木，学生对此有了不同的体验。从最初拿起工具开始清扫时的兴奋，到摸索着掌握了每种工具的使用要领，在磨合中找到了小组配合的最佳方式，学生的动作越来越熟练，配合越来越默契，工作效率也越来越高。同窗好友一起劳作，留下了别样的回忆。劳动时，学生汗湿了衣衫，却也暖了人心。

2. 举行"早安，唤醒我们的人们"感恩活动。在寒冷的季节，清晨六点钟，学生为默默工作、保障我们生活的保安、保洁人员、食堂工作人员送上暖贴、手套和温暖的豆浆，在冷风中向唤醒校园的人们传递浓浓的暖意。

【活动感悟】

学生第一次知道原来清扫有这么多门道：地面用大扫帚扫，树坑用小扫帚扫，草坪用耙子耙扫，还要注意使用耙子的力道，不要损坏草坪。虽然劳动中的智慧、耐心与坚持在体验活动中就可以感受到，但是从点滴小事做起的责任感与持之以恒需要时刻铭记。学生知道爱护校园、社区环境应该体现在每一天、每一处的细节中。比如，不在路上留下自己的垃圾，保持居住环境、学习环境的整洁，随手捡起眼前的纸屑，等等。在每一个细微之处，引导学生用行动表达自己热爱劳动人民之情，养成热爱和尊重劳动的社会风尚。

【活动总结】

学校公众号的"龚路致敬·人物"系列推文带领学生深入了解校园、社区安保人员的日常生活，树立劳动楷模，展现平凡人身上的优秀品质，弘扬青春正能量。送出的慰问物品不仅表达了学生对劳动者的关心，还体现了劳动与教育的统一，将劳动教育思想落实到社会劳动教育实践中。

学校倡议学生在今后遇到这些"唤醒我们的人们"时，放缓脚步，微笑着向他们道一句："谢谢您，您辛苦了！"

（二）高中阶段社会劳动教育活动

1. 辛劳的快递员

【活动背景】

2022年，我国快递业务量完成1 105.8亿件，业务量连续9年位居世界第一。中国快递业能不断创造新的奇迹，靠的是近450万快递员风雨兼程的坚持。他们在平凡的岗位上作出不平凡的奉献，用日复一日的劳动诠释了奋斗的青春。网上购物已经成为现代人生活的常态，非常贴近学生的生活，因而学生对快递员这个职业比较熟悉。繁重的配送服务劳动都交给了快递员，他们为我们的生活提供了便利和保障。快递员是我们尊敬的劳动者。

【活动目标】

学校开展"劳动美"主题快递员职业体验社会劳动教育实践活动，学生在活动中学习社会劳动技能，体验社会劳动生活，树立社会责任感，培养劳动意识。

【活动过程】

学生穿上快递员的制服，竞相上岗，体验快递员繁忙的工作生活。当个合格的快递员并不容易，学生要学习如何送快递，其中就包含了学习待人处事之道，懂得要诚实守信、专业高效。比如，送件时要轻轻敲门，要使用礼貌用语，同时还要记得请客户签收。

指导教师开展岗前培训，并联系物流公司，让学生参观先进的物流配送过程，加深对智能化物流技术的印象。

除了快递员职业体验实践，学生还学习快递员中的榜样事迹。比如，快递行业的"发明哥"——圆通速递陕西公司员工田追子带着团队研发 6 种智能设备，可以节省 70% 的人工，节省操作时间 1 个小时。他扎根基层多年，对快递网点实际运营的需求和难点了如指掌，因而能自己着手研发出最符合使用要求的自动化装备。又如，中通四川西昌公司的负责人孙光梅利用快递加电商践行扶贫助农，人称深山快递"拓荒者"。四川攀枝花、西昌等地盛产优质农特产品，但是由于信息不畅、交通不便，导致这些优质的土特产只能被低价卖给采购商，甚至只能烂在地里。她走访农户、觅特产，成为乡亲致富带头人，拓展了产业。

【活动总结】

通过此次快递员职业体验社会劳动教育实践活动，学生了解了快递这一行业，既锻炼了身体素质，又磨砺了意志，增强了社会责任感，提高了劳动技能，还懂得了在劳动岗位上能通过奋斗绽放光彩。他们知道了工作的不易，学会尊重、关心、感恩周围的劳动者，会给辛苦的快递员送上自己的爱心。哪怕是塞一瓶水，说一句"谢谢"，也是用自己的小小行动回报社会。

2. 尽职尽责的消防员

【活动背景】

在日常生活中，由于人们的用火不慎、电器故障、违规操作等造成的火灾时有发生。人们对消防安全知识的认知程度、对消防工作的了解程度与消防安全息息相关。

【活动内容】

（1）参观消防大队

为提升学生的消防安全意识，普及火灾预防常识，以及发生火灾时如何逃生等消防安全知识，学校组织开展"走进消防大队"社会劳动教育实践活动。学生参观了消防车。消防员细致地介绍消防车的装备，告诉学生消防水带、切割器、消防水枪、安全防护服等的相关知识，以及这些装备的操作方法和使用性能等。学生还坐上消防车体验消防员的工作，并现场观看消防员的专业技能展示，如速穿消防服、接水管、滑杆、登楼等。消防员的动作专业、迅速且精准有序，可见他们平时的训练有多么严格。一旦发生火情，消防救援人员就要全力以赴灭火，守护人民群众的生命财产安全。

学生观看了消防安全宣传片，学习了如何逃生、如何使用灭火器、如何报警等安全常识。学生还可完成相关消防训练，提高社会劳动教育实践能力，模拟火灾中的自救情境。

（2）参与全民消防安全素质调查

学生以实际行动来切实协助做好消防安全工作。学校在社区发起"全民消防安全素质调查"，调查涉及不同职业、不同年龄的受访对象，包括许多消防安全的常识性问题。开展此项调查，能够据此形成相应的方案、措施，提高上海人民的消防意识。学生参与调查工作，提高了社会交往能力、数据统计能力和表达交流能力等。如若被调查的社区居民对于消防安全问题不了解或是不关心，学生还要做好宣传工作，尽力让被调查者认识到消防安全的重要性，提高其安全意识。

学生还倡议实行定期防火检查制度，加强对消防器材的维护，还要合理规划小区道路布局，确保消防通道畅通，不给消防安全留下隐患。

【活动总结】

在"走进消防大队"社会劳动教育实践活动中，学生对消防设备和消防安全知识有了更深的认知，对消防救援人员的工作和生活有了更多的了解，丰富了感性认识，扩大了视野，提升了安全意识与自我保护能力。消防救援人员不怕苦、不怕累、勇敢、守纪的品质在日后的生活中激励着学生健康成长。同时，"走进消防大队"社会劳动教育实践让学生懂得了消防安全的重要性，认识到只有大家共同行动起来才能提高全民的消防安全素质，才能防患于未然。

　　由以上活动的实施成效可知，在社会劳动教育中，认识是基础，实践经验是关键。如何创新实践的载体，引导学生知行合一，有效地培育其创新精神和实践能力？学校还开展了"社会劳动打卡""志愿服务进社区""劳动教育主题周"等活动，定期评选学校"社会劳动小明星"，给予学生持续的正向激励。学校开展社会劳动教育主题活动，让学生在身体力行的社会公益劳动与服务劳动中锻造劳动精神，提升劳动素养。

第三节 ——·

走进创意园区，高科技智能化
拓宽社会劳动教育

当前，以5G、人工智能、大数据、量子科技、生物技术等为代表的新一轮科技革命和产业变革，正在深刻改变人类劳动的组织方式和实践形态，使创新成为经济社会发展的主要驱动力，使知识和信息成为重要的生产要素。在此背景下，劳动教育必须着眼于经济社会发展的现实需要，紧跟科技发展和产业变革，准确把握新产业、新业态、新工艺、新技术，不断丰富与创新劳动教育的内容、途径、形式，增强劳动教育的时代性。应探索构建更具开放性的劳动教育实践体系，引导学生积极参与智能化背景下的劳动实践，有效掌握最新劳动科技成果，增强"智能劳动"的能力。

学校鼓励学生走进创新实验室，感知科技是第一生产力。从实践方面来看，学校在实施劳动教育上有着一定的优势：第一，学校有二工大、曹路地区社会教育实践基地等实践社会劳动教育的硬件优势，它们都是实施劳动教育的好去处；第二，学校专业教师多为"双师型"教师，具备相应的理论教学和实践教学能力，了解产业发展、行业需求和职业岗位变化，能及时将新技术、新工艺、新规范等融入教学，具有实施社会劳动教育有关教学的基本能力，这是学校社会劳动教育的师资优势；第三，学校拥有劳动教育课程设置上的优势，专业课程要求一半以上是实践性教学课程，其教学内容本身就具备社会劳动教育要素；第四，学校具有长期的社会劳动教育实践的积累，具备较丰富的培训实践教学经验，可资借鉴，可以为今后更好地完善并实施社会劳动教育提供帮助。

学校积极开发和整合高校资源，拓宽育人渠道。学生参观创新实验室，体验、研究创新科技。他们参与二工大的特色研究项目，如智能物流仓储机器人、智能水果采摘器、基于语音输入的智能垃圾分类系统等。教师引导学生深入了解机器人的构造和智能系统的设计原理，以及其中体现的机械、动力学原理等。学生感受到高科技能给生活和工作带来便利，从而认识到科技是第一生产力。

由于实施社会劳动实践教学时也要考虑本校学生今后相关专业的职业资格证书的取得、培训任务的完成、学生创新活动的开展、企业生产需求的满足，以及与学生技能竞赛相结合的需求，学校在制定实验室发展规划时，结合学校应用型人才培养的定位，充分考虑现有资源的合理利用，依托创新实验室，为学生创新创业项目和竞赛提供支持和帮助，并根据各类项目的实施效果完善实验劳动教育教学内容，提升实验劳动教育教学质量。

一、人工智能时代的创新智能社会劳动教育

劳动教育要"体现时代特征"。当今世界正在进入数字时代，人工智能的迅速发展正在深刻改变人类社会生活、改变世界。我国于 2017 年正式提出《新一代人工智能发展规划》，将发展人工智能上升到国家战略高度。人工智能正在重塑各行各业的形态，解放了一部分体力劳动以及一些常规性的脑力劳动。劳动教育要强调其实践性，推动教育由知向行转化。今天的劳动教育应当被赋予新的时代内涵。人工智能技术的发展使得传统的交流方式正在改变，而劳动教育实践拓展人在现实环境中的社会交往能力，同时也重视人机关系、虚拟和现实的关系。劳动教育实践

着眼于提高学生的思考力、创造力和创新力，以提高人工智能时代人们所要具备的核心素养。

随着时代的发展，劳动教育的课堂和实践活动中将会不断增加与人工智能相关的内容，而决定劳动教育成效的将会是正确的劳动价值观，是人工智能所无法替代的勤俭、奋斗、创新、奉献的劳动精神。

（一）参观体验"智能劳动者"

人工智能已成为人类有史以来最具革命性的技术之一。如果许多传统的工作都能由人工智能机器人完成，那么人类该如何在变化中的时代生存？"智能劳动者"上岗，将人从某些繁重而重复的体力劳动中解放出来，同时也可能使某些工种变得多余。但人类也可以借助机器来提升自身的劳动技能，创造设备维护、系统设计等新岗位。科技不断改变着生活，"智能劳动者"带来了许多意想不到的变化。在许多职业领域，出现了各种智能工具和服务，能帮助人们更有效地完成工作。学校为学生积极联系社会资源，让学生参观了解新兴的智能领域工作，接受智能社会劳动教育。

1. 人工智能物流

上海有不少秉承执着坚持、精益求精、追求革新的工匠精神打造而成的高科技产业园区，为中国经济发展贡献力量。学生参观的人工智能物流园区，每个仓库的员工都只有两三个人，工作全部是由工业机器人进行自动化运作。学生感叹，这无疑是现代企业逐渐开始进行转型的缩影，传统上需要大量人力完成的物流体力劳动，很多时候已经被机器人所取代。

2. 智能码头装卸

学生参观洋山深水港区。传统的码头装卸工作有一定的危险性，且劳动强度较大。而自从洋山深水港四期自动化码头投入使用后，码头上有巨型桥吊、轨道吊，无人自动导引车（AGV）载着各色集装箱往返穿梭，却几乎看不到一个人。在各种创新技术的加持下，这座高度综合智能化的自动化集装箱码头始终维持着高效稳定的运转，大大节约了人工，显著提高了效率。操作员可以在"超远程智慧指挥控制中心"办公室里远程作业，体力较弱的人也可以胜任。

3. 无人驾驶清洁车

最早唤醒上海的人，或许是为了不影响交通，凌晨就在街头辛苦打扫的环卫工人。环卫服务劳动强度大、工作时间长，还有较高安全风险，工作环境有时也比较恶劣。如果基于自动驾驶技术的无人环卫车辆能够大规模投入使用，那么环卫工人或许能因此获得更多的休息时间、更好的劳动条件。学生来到启迪漕河泾科技园，参观无人清扫车。它每天按照设置好的程序，自动放下清扫设备，定时打开喷水器，自行清扫路面。无人清扫车车顶上还有传感器，可以全方位感知路上的障碍物，自动绕道。不管是直角转弯还是信号灯识别，无人清扫车都可以根据情况作出对应推断。清洁结束后，它还会自动折叠清洁工具，自动将垃圾倾倒至指定位置，然后自行回到最初的发车点。

4. 无人银行

学生在无人银行里体验机器人柜员如何帮助客户办理业务。无人银行不同于传统银行网点，它没有柜台，也没有负责接待和办理业务的工作人员。用户只需在无人银行门口刷身份证，或是通过人脸识别，就可进出。在无人银行里，上前迎宾的是取号机器人。客户可以与机器人"交流"，告知机器人自己要办理的业务种类，根据提示取号，也可以直接点击屏幕交互界面取号。智能机器人则担任网点大堂经理的角色，能与客户进行交流。了解客户需求后，它会引导客户进入不同服务区域，办理取款、存款、外币兑换等业务。在无人银行内，还有具有人脸识别功能的各类 ATM 机，可以处理普通银行大多数的现金业务和非现金业务。

（二）了解参与"智能劳动"

机器对劳动者的替代，能够把人类从低效能、高危险的繁重体力劳动和简单机械的劳动中解放出来，提高生产效率，使技术成为人类逐步实现自由的手段。技术发展、生产解放让人们有更多的时间享受生活，发展各方面的爱好和兴趣，提升个人的生活质量，提高个人的幸福指数。从宏观意义上看，这也是人工智能的使命和价值所在。

人工智能的意义还在于协助人们更好地开展工作，提高其工作效能。比如，通过面部、表情、身体等识别技术，能检测出驾驶员的状态，防止其疲劳驾驶。

学校在做好全方位安全措施的情况下，组织学生参观高科技医疗机构，体验人工智能医疗技术，学习智能医学的方方面面。同时，利用学校现有的条件，让学生尽其所能，参与"智能劳动"，为社区贡献出一份力量。

1. 人工智能医学应用

人工智能技术支持医学影像分析，可以在短短几秒之内处理大量医学影像，从而大幅提升诊断效率。人工智能远程问诊可以大大缓解诊疗需求压力。而从更长远来看，远程医疗的普及有助于解决因医疗资源不均衡而导致的医疗资源紧张问题。在公共卫生应急响应体系的构建上，借助大数据、人工智能、云计算等数字技术，有利于采取疫情监测、病毒溯源、传播防控等措施。

2. 智能零售业助推"云"上生活

在人工智能的融合推动下，以"非接触""远程"等为关键词的非接触服务模式正在以零售业为首的多个行业中发展壮大。无人零售店、智能物流配送、线上线下打通的网上购物等正在成为新的消费增长点。网络消费、"云"上生活逐渐成为普遍的生活方式，其中的机遇不言而喻。人工智能技术支持分析消费者在各种平台上的喜好倾向和购买行为，有助于据此制定有效的营销策略，为智能零售业的发展提供助力。

3. 学校管理工作智能化

学校组成专业小组，利用互联网数据处理和信息传递优势，打造智慧数据平台管理服务。学校利用现有数据平台，及时收集和更新师生情况，资源调配和工作安排变得更加便利快捷，有效地减轻了工作人员的劳动强度，提升了管理工作效率。

二、人工智能保护环境，学校开展生态文明劳动教育

学校重视对学生的生态文明教育，将人工智能元素与之相结合，开展多样化活动，以此加强学生的社会劳动教育，让学生的劳动观与时俱进，培养良好的劳动习惯和劳动思维。

学校组织初中阶段的学生开展田园活动，将课堂、自然、生活串联起来。田园活动以班级为单位，学生分别认领学校土地作为实践基地，成立不同的蔬菜种植活动小组。根据季节，依据学科知识，学生设计栽培的品种，准备菜苗、种子、肥料，并制定种植计划，在教中做，在做中学。

高中阶段的学生则是结合生物、地理、化学等学科课程，科学地设计种植品种，为后续学习植物的生活方式、植物的生活史等内容做好扎实的铺垫。学生活用不同的学科知识，建设一个可以亲近田园、探索自然的实践平台。

（一）开拓荒地，协力创建智能农作园

学校将校内荒地改造成农作园，为学生提供一个社会劳动教育实践基地。改造成农作园后，荒地将会发挥它最大的价值。所有班级都有专门负责的土地，由班级自主管理。结合生态文明建设，学校在学生了解、体验中国传统农耕文化的同时，开展切实有效的社会劳动教育。学校农作园里可以种植多种蔬菜，如茄子、黄瓜、辣椒、毛豆等。除此之外，还有红薯、马铃薯等作物。农作园绿意盎然，生机勃勃。与此同时，学校也尝试在校内植物园进行科学课的教学。农作园不仅为学生提供了一个社会劳动教育实践的平台，还对教学起到了促进作用。这样的社会劳动教育让学生明白栽培的成功来之不易，还培养了学生的劳动意识、生态环境意识和劳动习惯。

1. 学生"做中学"

学生在建设农作园的过程中，可以体验农耕播种，学习农作物的播种方法，认识农具，学会其使用方法、操作方式。学校还开展"田园医生"活动，让学生正确佩戴塑胶手套，穿上防护服，戴好防护眼镜，体验一下给农作物打药。学生由此认识到蔬果能长大，其中蕴含了劳动者付出的心血。学生在田间地头积累种菜体验，学会辨别各种植物。学校还开展亲子田园活动，让学生与家长在稻田里参加亲子插秧比赛，体验插秧的乐趣，在玩与做中学习水稻的种植过程。在农作园的大课堂里，学生通过亲手劳作的方式，深入地了解了粮食蔬果的种植过程。

2. 环境知识讲座

学校邀请环境专家开设环境知识讲座，让学生了解植物育种、土壤环保和病虫害预防的知识与方法等。学生实地听专家讲解植物种植的方法和步骤，开展植物挂牌活动，认识植物并理解植物的命名法。学校还

组织学生定期观察自己种的植物，关注其生长状况，对于环境专家讲的生态培育知识学以致用，从而培养学生爱护植物和环境、珍惜劳动成果的思想感情。

3. 智能化种植

绿色种植考虑自然价值，采用有利于环境保护和生态平衡的无污染环保技术。在创新社会劳动教育中，学生体验智能化灌溉、除草、除虫、收割等绿色植物种植过程。学生在动手操作中学习，了解绿色植物的种植方法和益处。在农业劳动体验过程中，学生也可以结合中国传统农耕文化研究的成果，将二十四节气的相关知识与劳动实践综合起来考虑。

4. 成果大家享

丰收时节，学生可以带些农作物回家，与家长分享劳动成果。学校食堂也会将学生的劳动果实做成菜品，供全校师生一同品尝。在这个分享的过程中，学生感知爱惜粮食的重要性，从小培养起勤俭节约、感恩分享的良好品德。除此之外，学生也收获了快乐和成长。

（二）学做标本，建立智能植物标本馆

"纸上得来终觉浅，绝知此事要躬行。"学校组织学生走进校内植物园，观察近千种植物。开展植物标本制作课程，能够让他们从书本走向生活，从课堂走向自然，从理论走向实践。学生手中定格的"植物园"赋予社会劳动教育以活力。学校为此开发了"四季"社会劳动创意教育活动，整合融合自然学科的"寻找最美银杏叶""笋儿真鲜美""树儿要过冬"等活动，以及结合传统节日的"增彩元宵扎花灯""采叶包粽子"等活动，借助智能科技，形成社会劳动教育项目成长系列，以此增强学生的劳动意识和生态保护意识。

1. 学校植物标本馆

学校除了邀请专家带领学生参观各类植物园或博物馆之外，还建立了一间像模像样的学校标本馆。在标本馆里，全校师生都参与了植物标本的采集、制作、登记工作。学校植物标本馆融合了传统文化与现代技术，这样的特色劳动教育平台是学校的一张"名片"。

2. 学校植物标本课程

学校开设的植物标本课程增加了学生真实的社会劳动体验，也丰富了学生的写作素材，有利于提高学生的写作水平。自然教师在社会劳动教育实践课上适时教育学生，帮助学生了解植物的向水性、向光性、向肥性等特性，让他们在动手做植物标本过程中懂得劳动成果的来之不易，从而学会珍惜与感恩。

3. 学生手作植物标本贺卡

学生学习了制作植物标本的相关课程后，学校鼓励他们在"母亲节"当天利用鲜花或形态各异的树叶亲手为母亲制作植物标本贺卡。这些制作精良、做工精致的贺卡是给予母亲最好的节日礼物，凝聚了孩子的劳动创造心血。学生在社会劳动教育实践中不仅可以提高劳动技能和审美能力，还能感受到劳动创造美好生活，增强感恩意识。

4. 劳动实践活动与主题课

学校每周开展课外社会劳动教育实践活动和主题植物课，学生不仅"知其然"，还可以"知其所以然"。学生通过了解与植物相关的"二十四节气"故事，在劳动中探究某些植物作为中药材的价值、特性和用途，激发了解传统文化的强烈愿望和爱国情怀，同时培养了团队协作精神。

后　记

风有信，花有期。在这个草也青青、木也欣欣的季节，拙著《知行合一　以劳育人》披着新绿，陶然地出版了，犹如教育春天里的一枝嫩芽，吮吸甘露，向阳而生。当此之时，千言万语凝聚心间。

龚路中学——滋养我成长的精神家园

1989 年，我忐忑地走上讲台，学做教师，迄今为止已经从教 34 年。其间，我在龚路中学工作了整整 29 年。那些成长与历练的日子，充实难忘，真真切切是源于一次幸运的职业"遇见"，丰富了一段幸福的且教且学的经历啊。

这 29 年来，我备课上课、做班主任、执教初中高中化学课，在教学一线摸爬滚打，跟着前辈和同侪苦练教育教学基本功，亲历了 2005 年的学校更名，2006 年的学校改扩建，2018 年的提质扩容、"一校两区"等很多大事。学校历任中层干部和几批教职员工全心支持扶助我，满满的感动始终荡漾于胸，温暖地激励着我执着前行。

这 29 年来，在浦东新区社会发展局（教育局）、曹路镇两级党组织关心呵护下，在黄海滨、卢明兴、倪瑞明、顾虹等校领导的悉心培养和帮助下，我从担任中层干部到走上校长岗位，主持龚路中学工作近 6 年，提出了创建上海市"工程科创"特色高中的主张。收并新建的初中校区增加了 16 个教学班、1.8 万平方米建筑面积，以"思敬书院·敬成教师""思敬书院·思成学生"平台为载体，形成了"双成教育"办学策略。中考、高考成绩连年创学校历史新高,高考成绩在同类学校中优势明显。学校连续 4 年在浦东新区教育系统事业单位绩效考核中被评为"优秀"。2021 年 3 月,我到浦东教育发展研究院工作。我在磨炼中成长的每一个足迹,都凝结着组织和领导、同仁们的支持和心血,无限关爱,永铭心间。

教学教研——激励我发展的双驱动力

"教什么?怎么教?为什么教?"这些是教师职业生涯永恒的课题,其核心价值蕴涵着教学与教研的辩证统一关系。我从只教不研到教学教研融通推进,起步于 1989 年,入门于 2004 年。即使在繁忙的管理岗位上,我也挤压休息时间,笔耕不辍,数十年如一日。经推荐选拔,我荣幸地参加了"浦东新区'学生学习潜能开发研究'骨干培训",进入"上海市徐崇文教心学科名师基地""浦东新区名校长培训班""全国高中骨干校长高级研修班"学习。其间,先后师从导师徐崇文(原黄浦区教育学院常务副院长、特级教师)、李鼎和(曾任合庆中学和张江中学校长)、陈忠新(时任川沙中学校长、特级校长)、赵国弟(时任建平中学校长、特级校长、正高级教师)。导师们的培养于我如醍醐灌顶,"如琢如磨";同学间时常发起"头脑风暴","如切如磋",引领着我驶上专业发展"快车道"。我在《基础教育》《中国信息技术教育》《教学与管理》《教育家》等期刊发表论文数十篇,有多篇文章获奖,主持区级、市级课题 20 多项,编著的《青少年无人机航拍教程(无人机科普及 STEAM 创课教材)》由华东师范大学出版社出版,所著的《让"五育"的种子在每一个家庭生根发芽——以家庭教育指导让家庭内在的力量生长出来》由东北师范大学出版社出版。"道虽迩,不行不至;事虽小,不为不成。"我笃信且践行。

劳动教育——传承并创新的品牌课程

上海第二工业大学附属龚路中学创办于 1944 年。当年，陆修澄先生为实现教育兴国、实业报国的理想，在黄炎培先生的帮助下，创建了返真商业职业学校。1946 年，学校改名为思敬初级职业中学。1951 年，改为龚路初级会计技术学校。1958 年，成为完全中学。2005 年，学校更名为"上海第二工业大学附属龚路中学"，结缘于以工科见长的上海市唯一的一所工业大学。学校是曹路地区唯一的公办完全中学。2021 年，正式成为曹路学区牵头学校。纵向梳理学校的历史沿革，呈现出一条鲜明的职业教育轨迹。劳动观念和劳动技能是职业教育的重要培养目标，而龚路中学是地处长江口边的乡村完中，大部分学生和教职员工生于兹长于兹，都是镇域农家子弟，耳濡目染，劳动意识和劳动常识较为丰富。从校史和家庭教育两个视角考察，可以说劳动教育是龚路中学的文化基因，学校具有深厚的劳动文化底蕴。在传承中创建劳动课程品牌，既是顺理成章，又是使命担当。在学校创建上海市"工程科创"特色高中阶段，更加凸显出其重要意义和关键价值。

劳动是人类的本质活动，是推动人类社会进步的根本力量。为了全面贯彻党的教育方针，落实立德树人根本任务，培养德智体美劳全面发展的社会主义建设者和接班人，龚路中学遵循中共中央、国务院《关于全面加强新时代大中小学劳动教育的意见》，教育部《大中小学劳动教育指导纲要（试行）》等文件精神，以区重点课题"发挥劳动教育综合育人功能的实践研究"为引领，全面铺开行动研究，传承劳动教育传统，迭代劳动教育课程，完善"智能＋工程科创"特色课程体系，深化学校"求真返璞，乐业齐贤"办学理念内涵。在以劳育人的实践中，劳动教育在龚路中学焕发蓬勃生机。

　　本书是在课题报告基础上提炼草成的，虽难免单薄，挂一漏万，但它是我和团队付出大量心力、倾注许多情感的原生态实践成果，洋溢着浓郁的"草根式研究"气息。它朴实却鲜活，它粗浅但接地气。今天鼓足勇气，在其出版面世之际，诚恳求教于前辈、专家和同仁。

　　感谢上海教育出版社的支持，感谢责任编辑张瑾之老师所做的工作。

上海市浦东教育发展研究院

徐宏亮

2023 年 3 月